物 业 管 理 培 训 指 南

物业
安保服务与车场管理

吴 杰 主 编
林 琅 主 审

全国房地产业深圳培训中心
太原市物业管理协会　组织编写
仁和物业培训中心

化学工业出版社
·北京·

内容简介

《物业安保服务与车场管理》一书涵盖了物业安全综合管理体系、物业门禁与出入管理、物业巡逻管理、物业监控与安防管理、物业停车场管理、物业消防安全管理和物业安全应急响应机制七个方面的内容。

本书内容丰富，着重突出可操作性和实践性，是一本实用的物业指导手册和培训用书。同时，本书采用文字图表化的表达方式，简化了阅读难度，提高了阅读效率，方便读者快速理解和掌握关键知识。

本书既可作为物业企业内训手册，帮助员工提升专业素养；也可作为职业院校的参考用书，为学生提供实践性的学习材料；还可作为学员或员工自学读本和行业协会的推荐用书，为整个物业管理与服务行业提供有价值的指导。

图书在版编目（CIP）数据

物业安保服务与车场管理 / 吴杰主编．-- 北京：化学工业出版社，2025．2．--（物业管理培训指南）．
ISBN 978-7-122-46852-9

Ⅰ．F293.347-62

中国国家版本馆CIP数据核字第2024CF8818号

责任编辑：陈　蕾　　　　　　　　　装帧设计：溢思视觉设计／程超
责任校对：王　静

出版发行：化学工业出版社（北京市东城区青年湖南街13号　邮政编码100011）
印　　装：三河市双峰印刷装订有限公司
710mm×1000mm　1/16　印张12　字数184千字
2025年2月北京第1版第1次印刷

购书咨询：010-64518888　　　　　　售后服务：010-64518899
网　　址：http://www.cip.com.cn
凡购买本书，如有缺损质量问题，本社销售中心负责调换。

定　　价：58.00元　　　　　　　　　　　　　　　　　版权所有　违者必究

前言
Preface

在当今社会，随着城市化进程的加速和居民生活水平的提高，物业管理的重要性日益凸显。作为物业管理的重要组成部分，物业安保服务与车场管理不仅直接关系业主的日常生活安全，也深刻影响着物业公司的整体形象和运营效率。因此，加强物业安保服务与车场管理，对于提升物业管理水平、保障业主安全具有至关重要的意义。

与此同时，物业服务行业对人才的需求标准也在不断提高。面对复杂多变的物业管理环境，物业管理人才的专业化程度应进一步提升，不仅要掌握基础的物业管理知识和技能，还需深入了解物业智能设备、物业管理系统等先进技术；此外，物业管理人才还需要具备较强的应变能力，能够快速并有效地应对各种突发情况。

物业服务的基础岗位，如客服、安保、保洁、设备维修等，对人员技术能力和综合素质的要求也日益严格。为了在这些岗位上生存与发展，物业从业者必须不断学习，提升自己的业务知识及专业技能，形成持久的竞争优势。

为此，《物业安保服务与车场管理》一书应运而生，以期为物业从业者提供一个宝贵的学习和自我提升平台，将物业从业者培养成各自岗位的"专家"，并帮助他们积累知识、增长才干，不断提升工作效率和业绩，从而获得晋升的机会。

本书涵盖了物业安全综合管理体系、物业门禁与出入管理、物业巡逻管理、物业监控与安防管理、物业停车场管理、物业消防安全管理和物业安全应急响应机制七个方面的内容，突出操作性和实践性，是一本非常实用的物业指导手册和培训用书。同时，本书将文字图表化，降低了阅读难度，提高了阅读效率，读者可快速理解和掌握关键知识点。

本书既可作为物业机构的内训手册，帮助员工提升专业技能；也可作为职业院校的参考用书，为学生提供实践性的指导材料。

参与本书编写、为本书提供资料的人员还有仁和物业的常春、郭伟、龙小虹等，在此一并表示感谢。

由于编者水平有限，书中难免存在疏漏，敬请读者批评指正。

编　者

目录

第一章 物业安全综合管理体系 001

第一节 构建全面的人防机制 …… 002

一、专业安防人员 …… 002
  【范本1-01】××物业公司安全部组织架构 …… 003
  【范本1-02】某物业企业安全部岗位职责 …… 004
二、安全培训与宣传教育 …… 006
  【范本1-03】新入队保安训练计划 …… 007
  【范本1-04】在岗保安周培训计划 …… 008
三、安防人员行为规范 …… 009
  【范本1-05】门岗工作行为规范及要求 …… 010
  【范本1-06】巡逻岗工作行为规范及要求 …… 012
  【范本1-07】监控岗工作行为规范及要求 …… 014
  【范本1-08】地库岗工作行为规范及要求 …… 015

第二节 安全防范系统的升级与优化 …… 017

一、视频监控系统 …… 017
二、高空抛物监测系统 …… 018
三、入侵报警系统 …… 019
四、门禁管理系统 …… 020
五、访客管理系统 …… 021
六、电子巡更管理系统 …… 022
七、楼宇可视对讲系统 …… 023

第三节　群防群治策略的实施　024

一、密切联系辖区业主，做好群防群治工作　024

二、与周边单位建立联防联保机制　025

第四节　完善安全管理制度与流程　026

一、物业安全管理制度　026

二、物业安全管理流程　027

第二章　031

物业门禁与出入管理

第一节　门岗的工作职责　032

一、对进出人员进行检查　032

二、对进出车辆、物资进行查验　032

三、对进出车辆和人员进行疏导　033

四、配合公安机关的工作　033

第二节　门岗执勤的专业化要求　033

一、要文明执勤　033

二、多使用礼貌用语　034

三、严格执行规章制度　034

四、查验要细致　034

五、处理问题要灵活　035

六、交接班要清楚　036

第三节　人员出入严格管控　037

一、来访人员出入登记　037

　　相关链接　验证的方法　038

二、作业人员出入控制　039

　　案例　安保人员违规放人进入管理区域　040

第四节　物品出入细致审查　040

一、物品出入控制程序　040

二、物品的查验与登记　042

第五节　紧急情况的快速响应与处置　　044
一、对无证私闯人员的处置　　044
二、对拒绝验证、登记人员的处置　　045
三、对拒绝接受物品查验人员的处置　　045
四、对强行冲闯人员的处置　　046
五、对无通行标识私闯车辆的处置　　046
六、对拒绝接受查验和不符合安全规定车辆的处置　　047
七、发生火灾的处置　　047
八、小区发生案件的处置　　048

第三章　051　物业巡逻管理

第一节　巡逻的目的　　052
一、维护物业区域的秩序　　052
二、确保重点区域的安全　　052
三、预防灾害事故发生　　053
四、防止发生违法犯罪事件　　053
五、保护事故现场　　054
六、及时处置突发事件　　054
七、及时处置意外事件　　055

第二节　巡逻作业的内容和要求　　055
一、明确巡逻周期　　055
【范本3-01】住宅小区和大厦的巡逻周期及要求　　056
二、巡逻准备　　056
三、巡逻内容　　056
四、巡逻签到　　059
五、巡逻记录　　060

第三节　巡逻工作的控制管理　　061
一、确定完善的巡逻路线和时间　　061
【范本3-02】××物业管理处巡逻路线与时间的确定　　062
二、配置保安器材和装备　　063

三、科学合理地配置巡逻力量　　063
　　四、增强巡逻人员的业务能力和防范意识　　063
　　五、加强与公安机关及有关部门的联系　　064
　　六、做好交接班工作　　064
　　七、制定巡逻记录制度　　065
　　八、巡逻情况及时上报　　065
　　九、严格执行查岗制度　　065

第四节　不同情况的应对　　066
　　一、发现推销人员　　066
　　二、发现可疑人员　　066
　　三、发现业主未锁门　　066
　　四、发现可疑物品　　066
　　五、发现车辆违规停放　　067

第四章 069 物业监控与安防管理

第一节　监控中心的高效运行　　070
　　一、监控中心设置　　070
　　二、监控中心值班台　　071
　　三、监控系统　　071
　　四、制度上墙　　072
　　五、应急工具和用具　　073
　　六、监控设备　　074
　　七、监控中心钥匙　　074

第二节　监控设备的定期维护与保养　　075
　　一、监控设备维护和保养措施　　076
　　二、监控设备维护和保养计划　　077

第三节　监控岗位的专业化水平　　078
　　一、监控服务的任务　　079

二、监控服务的要求　　079
　　三、报警的处理　　081
　　四、监控服务常见问题处理　　083

第五章 087

物业停车场管理

第一节　智能车辆管理系统的建立　　088
　　一、智慧停车场管理系统　　088
　　二、无人值守停车系统　　093
　　三、车位引导系统　　095

第二节　停车场的安全管理　　099
　　一、规范停车　　099
　　二、出入管理　　100
　　三、监控与巡查　　101
　　四、消防设施的维护与管理　　103
　　五、制定安全管理制度　　105
　　　　【范本5-01】停车场管理规程　　106

第三节　突发事件与异常情况的处理　　108
　　一、停车场突发事件的处理　　108
　　二、停车场异常情况的处理　　110

第六章 113

物业消防安全管理

第一节　消防安全管理体系的建立　　114
　　一、消防网络的构建　　114
　　二、灭火组织结构与职责　　117
　　三、消防管理制度的制定　　119

第二节　消防物防系统的完善　　122
　　一、消防物防系统的组成　　122

二、消防设施的标识与配置　　123
　　三、消防器材的配备与管理　　136

第三节　消防安全宣传与培训　　138
　　一、员工消防安全培训　　138
　　二、业主消防安全宣传与培训　　139

第四节　电动自行车火灾事故预防　　139
　　一、电动自行车起火原因与后果　　139
　　二、电动自行车的安全使用　　140
　　三、电动自行车棚火灾预防　　143
　　　　案例　某物业小区电动自行车管理　　145

第五节　物业消防安全检查　　147
　　一、日常消防安全检查的内容与标准　　147
　　二、消防安全检查的组织形式　　149
　　三、消防安全检查的基本程序　　150
　　四、消防安全检查的要求　　150
　　【范本6-01】消防设施定期检查记录表　　151
　　【范本6-02】推车灭火器检查表　　153
　　【范本6-03】手提灭火器定期检查表　　154
　　【范本6-04】每周防火巡查记录表　　155
　　【范本6-05】消防安全日巡查记录表　　156
　　【范本6-06】每日防火巡查记录表　　156

第七章　物业安全应急响应机制　　159

第一节　应急管理体系的构建　　160
　　一、组织架构及职责　　160
　　【范本7-01】××物业公司应急组织架构及职责　　160
　　二、应急物资配备　　164

第二节　应急预案的制定　　165

　　一、应急预案制定的依据　　166
　　二、应急预案的主要内容　　166
　　三、应急预案编制的核心要素　　168
　　四、应急预案的制定步骤　　170

第三节　应急演练的开展　　170

　　一、应急演练的目的　　170
　　二、应急演练的基本要求　　171
　　三、应急演练的参与人员　　172
　　四、制订应急演练计划　　172
　　　　【范本7-02】20××年度应急预案演练计划　　173
　　五、应急演练的实施　　175
　　　　【范本7-03】××物业管理处消防演练内容的分工　　175

第四节　应急预案的持续评审与改进　　177

　　一、评审的时间　　177
　　二、评审的内容　　178
　　三、评审结果的处理　　178

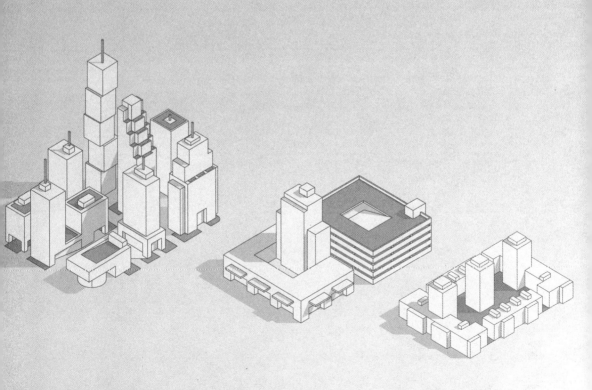

第一章
Chapter one

物业安全综合管理体系

第一节　构建全面的人防机制

第二节　安全防范系统的升级与优化

第三节　群防群治策略的实施

第四节　完善安全管理制度与流程

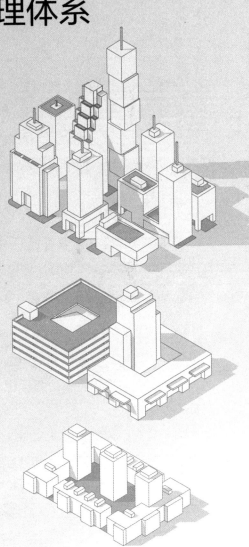

> **》》》》 培训指引**
>
> 物业安全综合管理体系涵盖了人防、技防、群防群治以及安全管理制度与流程等多个方面内容,为物业管理提供了全面、系统的安全保障。通过建立该体系,可以有效提升物业管理的安全性和效率,为业主创造更加安全、舒适的生活环境。

第一节　构建全面的人防机制

物业安全管理指物业服务企业采取各种措施、手段,保证业主人身、财产安全,维持正常生活和工作秩序的一种管理行为,这也是物业管理的基础工作之一。为了做好这项基础工作,就必须构建全面的人防机制,强调人防在物业管理中的重要性,通过专业培训、定期演练和严格的人员选拔等方式,建立一支高效、专业的安全保卫队伍。同时,将人防与技防有机结合,确保物业安全无死角。

一、专业安防人员

物业服务企业应配备专业的安防人员,负责日常的巡逻、监控和防范工作。这些安防人员应具备专业的知识和技能,能够及时发现和处理各种安全隐患。

1. 健全安全保卫组织机构

为确保物业安全管理的有效性,物业服务企业应设置安全保卫组织机构,这个机构在不同的公司有不同的叫法,有的叫保安部,有的叫护卫部,也有的叫安全部,这都不重要,重要的是一定要有这样一个机构(本书称之为护卫部,其部门员工为保安员)。

由于物业服务企业提供 24 小时安全保卫服务,所以,必须合理设置护卫班组。安全保卫组织机构的班组设置与所管理物业的类型、规模有关。通常,物业面积越大、物业配套设施越多,班组也就越多、越复杂。其中,安全巡逻岗可根据监视区域责任划分为多个班组,而每个班组又可根据 24 小时值班的需要,合理安排几个人员轮换班。

下面提供一份××物业公司安全部组织架构的范本,仅供参考。

【范本1-01】▶▶▶

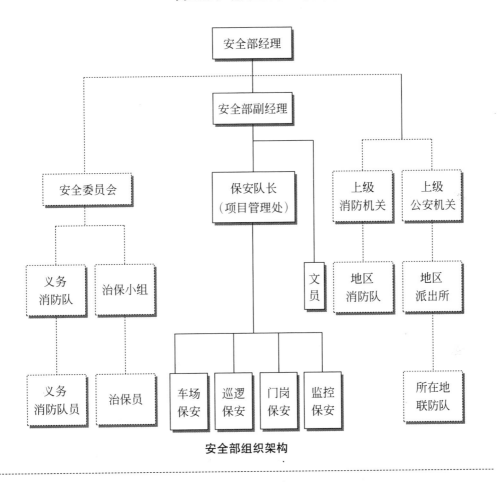

安全部组织架构

2. 制定安全保卫岗位职责

物业服务企业应根据企业的规模和所管辖物业的实际情况,制定安全保卫岗位职责,明确责任,合理分工。

下面提供一份某物业企业安全部岗位职责的范本,仅供参考。

【范本1-02】

某物业企业安全部岗位职责

1. 安全部经理职责

（1）对本物业范围内的安全负有领导责任。

（2）制定安全部的工作计划和目标，并组织实施。

（3）主持召开本部门例会，传达贯彻总经理及上级主管部门的指示。

（4）参与重大案件、事故的调查与处理。

（5）督导检查各管理处的安全护卫工作，发现问题及时处理，或向主管领导汇报。

（6）制订年度保安员的培训和考核计划，并贯彻实施。

（7）负责制定安全护卫工作方案，并组织实施。

（8）负责完成上级领导交办的其他事项。

2. 保安队长职责

（1）主持本班工作，严格执行管理处主任和安全护卫主管指令，督促全班人员履行岗位职责，认真做好安全护卫工作。

（2）主持召开班务会，及时传达上级指示和会议精神，并组织实施。

（3）负责本班人员的考勤，如实记录本班执勤中遇到和处理的问题，对重大问题及时向主管领导请示报告。

（4）负责协调本班与其他班组之间以及本班人员之间的工作。

（5）爱岗敬业，遵纪守法，严于律己，以身作则，发挥模范带头作用。

（6）熟悉护卫各岗位工作职责和程序，掌握管理区域内治安护卫工作的特点。

（7）对因管理不力造成的本班在执勤中发生的重大失误或本班人员出现的严重违法违纪情况负责。

（8）负责抓好全班的体能训练工作。

（9）负责处理本班执勤过程中遇到的一般性问题。

（10）认真做好值班记录，严格执行交接班制度，做到交接清楚，责任明确。

3. 巡逻岗岗位职责

（1）监视管区内人员、车辆活动情况，维护管区秩序，防止发生事故。

（2）巡查、记录公共部位设施设备完好情况。

（3）对管区内的可疑人员、物品进行盘问、检查。

（4）杜绝管区内发生打架、滋扰事件。

（5）驱赶管区内摆卖、乞讨、散发广告等闲杂人员。

（6）每班巡楼一至两次，对楼内的闲杂人员进行盘问或驱赶，对违反管理规定影响他人工作、休息的行为进行劝阻和制止。

（7）管理好停放在管区内的车辆，防止丢失或损坏。

（8）指挥机动车辆按规定行驶和停泊，保证消防通道畅通，防止发生交通事故。

（9）负责火警、匪警的验证和处置。

（10）回答访客的咨询。

（11）巡查护卫各岗位执勤情况，协助处理疑难问题。

4. 门岗岗位职责

（1）按规章制度进行交接班，认真填写交接班记录。

（2）对本岗位发生的治安问题进行处置、记录、汇报。

（3）对人员、物品、车辆进出进行查验登记。

（4）负责交通秩序维护及费用收取。

（5）负责门岗执勤设施设备的维护及清洁。

（6）负责劝离门岗范围内的游商小贩。

（7）按岗位规范完成本岗位工作。

（8）完成上级安排的其他工作。

5. 监控室岗位职责

（1）按规章制度进行交接班。

（2）熟练掌握监控室各设备的操作及日常维护。

（3）密切监视辖区活动人员的动态、辖区秩序。

（4）负责监控室设备异常情况的处理及记录。

（5）当消防主机出现报警信号时，立即通知巡逻岗进行核实。

（6）负责对进入监控室的人员进行登记。

（7）夜间值班时认真做好业主报修或投诉记录，并及时向相关部门或人员反馈。

（8）负责监控录像的调阅和重大事件录像资料的保存。

（9）完成上级安排的其他工作。

6. 车库岗岗位职责

（1）根据规章制度进行交接班，认真填写巡逻记录及签到表。

（2）负责引导停车场内车辆按要求行驶及停放。

（3）负责对停车场进行巡视，发现异常及时处理、汇报。

（4）负责处理停车场内发生的各种突发事件和纠纷，及时向当班班长报告，并做好记录。

（5）负责停车场执勤设施设备的使用及维护。

（6）负责指挥车辆按规定行驶和停泊，保证停车场通道畅通，防止发生交通事故。

（7）负责停车场火警、匪警的验证和处理。

（8）协助客服部督促车主交纳停车场相关费用。

（9）熟练掌握机械车位的操作规程和安全须知。

（10）完成领导交办的其他任务。

二、安全培训与宣传教育

物业服务企业应定期组织开展安全培训和宣传教育活动，如消防演习、防盗宣传等，以提高业主的安全意识和应急处置能力。

1. 制订详细的安全培训计划

物业服务企业应根据小区实际情况和业主需求，制订详细的安全培训计划，明确培训的目标、内容、时间和参与人员等，确保培训工作有针对性、有计划地开展。

2. 开展多样化的安全培训活动

物业服务企业可以通过讲座、研讨会、培训班等形式，向业主传授安全知识。培训内容应包括消防安全、防盗防骗、应急处理等方面，以提高业主的安全意识和自我保护能力。

3. 加强安全宣传教育工作

物业服务企业可以利用小区公告栏、宣传栏、微信公众号等平台，定期发布安全知识、安全提示等信息，提醒业主关注安全问题。同时，还可以通过制作宣传海报、播放安全宣传片等方式，增强业主的安全意识。

宣传教育应注重长期性、持续性和互动性。物业服务企业可以制订年度宣传教育计划，定期开展各类安全宣传活动；同时加强与业主的互动，提高业主参与活动的积极性。

4.邀请专业人士参与培训与宣传

物业服务企业可以邀请公安、消防等单位的专业人士参与安全培训与宣传工作，为员工提供专业的指导和建议。这不仅可以提高培训的质量和效果，还能提高业主对物业安全工作的信任和支持。

5.注重培训效果的评估和反馈

物业服务企业应定期对安全培训和宣传教育工作进行评估，根据培训效果和业主反馈，及时调整培训计划。同时，根据新出现的安全问题，不断更新培训内容，确保培训工作的时效性和针对性。

6.加强与其他单位的合作与交流

物业服务企业应加强与周边单位、社区组织的合作与交流，共同开展安全培训与宣传教育工作，通过资源共享、经验互鉴，提高整体的安全防范水平。

【范本1-03】

新入队保安训练计划

时间	培训内容	要求	负责人	备注
第1天	1.介绍本公司情况 2.介绍本小区情况 3.学习员工手册	1.准确填写各类表格 2.做好培训记录 3.主要章节重点学习		1.准备好表格 2.准备好学习资料 3.安排好会议室 4.准备好笔和本
第2天	1.员工手册重点章节学习 2.保安手册学习 3.进行队姿训练	1.认真听讲，做好笔记 2.重点章节做好记录 3.严格要求，统一动作		1.授课人员提前熟悉学习资料 2.提前安排好会议室和教具
第3天	1.应急方案学习 2.员工业绩考核及奖惩制度学习 3.进行队姿训练 4.案例学习（选学）	1.边学习边讲解，以典型案例为主 2.边训练、边讲解队姿要求		1.准备好学习资料 2.严肃纪律，严格训练

续表

时间	培训内容	要求	负责人	备注
第4天	1. 门岗保安实习应注意问题的学习 2. 门岗保安实习 3. 巡逻、巡楼应注意问题的学习 4. 巡逻保安实习	边实习边讲解，注重保安技能提升学习，为上岗打好基础		把服务礼仪礼节学习放在首位
第5天	1. 学习如何对业主服务和解答业主提出的问题 2. 观看录像 3. 谈感受	1. 提前准备好座谈内容 2. 分析各类案例 3. 学习如何规避责任		注意理论与实践相结合
第6天	1. 观看录像 2. 电梯看管和维护学习 3. 消防烟感警报处理学习 4. 警报解除或恢复处理学习	1. 通过观看录像，提高保安员的应急处理能力 2. 通过讲解，使保安员掌握警报处理流程		严格掌握操作规程，逐步提高保安标准
第7天	1. 岗前实习 2. 培训考核，笔答和提问相结合 3. 讲评	通过岗前实习，掌握保安操作规程，提高保安技能		通过岗前培训，提高保安员的业务技能和安全意识

【范本1-04】

在岗保安周培训计划

时间	训练内容	时间	要求	负责人	地点	备注
周一	立正、稍息、向左右看齐、向前看、整理服装、跨立、齐步走与立定、跑步与立定	1小时	1. 新入队队员必须完成10个小时的队姿训练 2. 通过训练，使保安员掌握各个动作的要领 3. 规范每个队员的动作			1. 每天19:00按时看中央新闻 2. 由值班主管组织

续表

时间	训练内容	时间	要求	负责人	地点	备注
周二	1. 观看礼仪礼节录像 2. 案例学习	1小时	1. 除执勤人员外,所有保安队员都参加 2. 做好保安人员的培训记录			提前准备好录像带,并接通电源
周三	队姿和其他技能训练	1小时	1. 统一着装 2. 按时集合 3. 队姿差的人员进行队姿训练 4. 队姿好的人员进行其他技能训练			每周三进行一次员工队姿评比
周四	1. 观看擒拿格斗录像 2. 案例学习(选学)	1小时	1. 除执勤人员外,所有保安队员都参加 2. 做好保安人员的培训记录			提前准备好录像带,并接通电源
周五	体能训练	1小时	1. 统一着装 2. 注意安全 3. 体能训练前要活动充分			体能训练以四肢灵活性、协调性为主

三、安防人员行为规范

物业服务企业安防人员的行为规范包括工作态度、职责要求、外来人员管理、区域监管、原则遵守以及治安管理等多个方面,以确保安防人员能够高效地履行职责,维护物业区域的安全和秩序。此外,安防人员还应注重仪容仪表和礼貌礼节,保持整洁的着装和良好的服务态度,主动热情地为业主服务,耐心解答业主的问题,并妥善处理业主的投诉和建议。

1. 岗位职责与要求

明确安防人员的岗位职责,包括巡逻、监控、门禁管理、应急处理等,并规定相应的工作要求,如遵守工作时间、保持高度警觉等。

2. 仪容仪表与着装

明确安防人员的仪容仪表标准,如整洁干净、精神饱满,以及统一的着装要求,以展示良好的企业形象。

3. 礼貌礼节与服务态度

强调安防人员的礼貌礼节和服务态度,如主动问候、热情服务、耐心解答业主疑问等,以提升业主满意度。

4. 保密与廉洁自律

要求安防人员严格遵守保密规定,不得泄露业主信息或公司机密,同时加强员工廉洁自律教育,防止腐败行为发生。

5. 应急处理与协作

明确安防人员在紧急情况下的处理流程和方法,如火灾、盗窃等突发事件的应对措施,并强调与其他部门的协作配合。

以下提供某物业服务企业各岗位安防人员的工作行为规范及要求,仅供参考。

【范本 1-05】

门岗工作行为规范及要求

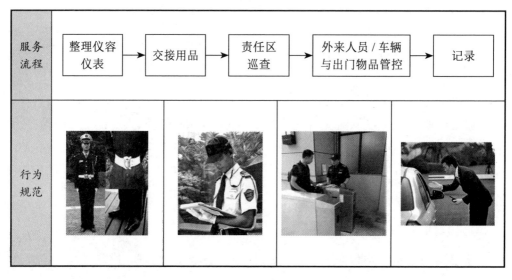

续表

	服务前，整理仪容仪表	正确使用工具，做好相应记录	主要职责	服务态度与禁忌
行为规范	1. 严格按照公司要求着工服，保持服装干净整洁，工牌佩戴在左胸上衣兜处并保持水平，衣服、鞋、袜保持干净 2. 头发保持整洁干练，不得留胡须、长发，发角长度不超过耳部	1. 使用对讲机时语言要标准、简练、清晰 2. 做好外来人员/车辆登记及物品搬出核查记录 3. 熟练掌握灭火器具的性能及使用方法	1. 认真做好来访人员/车辆核对，并协助巡逻及监控人员进行调查 2. 对于忘记携带门禁卡的业主或行动不方便的业主，确认身份后，主动提供帮助 3. 遇业主携大件物品出门，负责对照携物出门单进行查验，确认无误后予以放行 4. 做好施工人员出入证核查工作 5. 负责门岗范围及设施卫生，确保门岗地面无烟头、纸屑等垃圾，岗亭无灰尘，物品摆放整齐 6. 按照立岗规范完成立岗	服务态度： 1. 遇到业主微笑问好，主动帮忙 2. 使用"请""您好"等礼貌用语 服务禁忌： 1. 语言粗鲁，激化矛盾 2. 遇到有困难的业主视而不见 3. 对进出车辆/人员/物品不理不睬 4. 脱岗、空岗、睡岗
工作要求	1. 上岗前整理仪容仪表，着工装，戴白手套，佩戴工牌、腰带、肩章等配饰 2. 形象岗立岗时间为 7:30—9:00、11:30—12:30、17:30—19:00 3. 门岗工作人员站姿为：跨立或军姿，不得随意扶靠 4. 接待来访业主时先敬礼问好，然后核实身份并进行登记。填写来访记录时，应规范、清晰，不得随意涂改 5. 使用礼貌用语，严禁说："我不知道，我不清楚，和我没有关系"等话语 6. 严格执行携物出门管理流程，仔细查验出入证、核对出门物品，及时与客服中心核对相关费用，并做好记录 7. 需对所有进出车辆敬礼			
职业安全	1. 与过激业主保持1米以上距离，委婉相劝 2. 业主有过激行为时，应及时躲避，保护好自己，并寻求支援 3. 对夜间醉酒的业主，应避免与其发生正面冲突。若其在小区内借酒滋事，可及时通知其家人到场，必要时报警处理			
常见问题	1. 接到业主投诉，应礼貌问好、认真倾听、记录并及时上报 2. 对于不配合现场管理的业主，应呼叫当值班长到现场处理 3. 盗抢、打架事件的处理流程：封锁出入口—通报相关领导—寻求支援—盘查 4. 引导临停车辆交费，及时起杆放行，并做好记录 5. 对拒不交费的临停车辆（或过期租售车位车辆）的处理：拒绝出入并认真解释—通知班长—车辆疏导—做好记录			
备注				

【范本1-06】

巡逻岗工作行为规范及要求

服务流程	整理仪容仪表 → 交接用品 → 责任区巡查 → 帮助/处理/汇报 → 记录			
行为规范	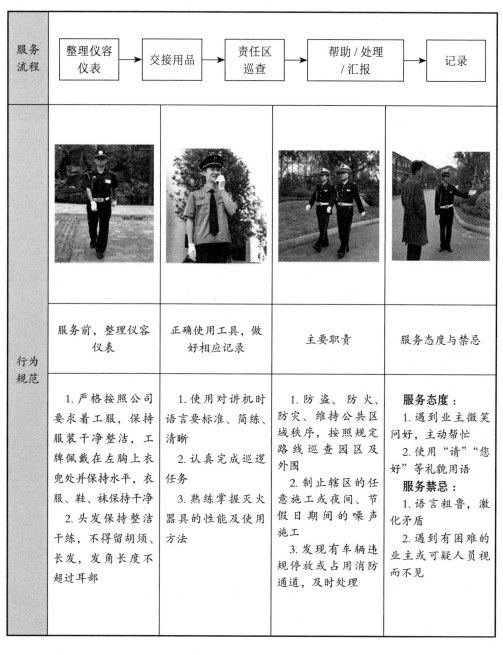服务前，整理仪容仪表	正确使用工具，做好相应记录	主要职责	服务态度与禁忌
	1. 严格按照公司要求着工服，保持服装干净整洁，工牌佩戴在左胸上衣兜处并保持水平，衣服、鞋、袜保持干净 2. 头发保持整洁干练，不得留胡须、长发，发角长度不超过耳部	1. 使用对讲机时语言要标准、简练、清晰 2. 认真完成巡逻任务 3. 熟练掌握灭火器具的性能及使用方法	1. 防盗、防火、防灾、维持公共区域秩序，按照规定路线巡查园区及外围 2. 制止辖区的任意施工或夜间、节假日期间的噪声施工 3. 发现有车辆违规停放或占用消防通道，及时处理	**服务态度：** 1. 遇到业主微笑问好，主动帮忙 2. 使用"请""您好"等礼貌用语 **服务禁忌：** 1. 语言粗鲁，激化矛盾 2. 遇到有困难的业主或可疑人员视而不见

续表

工作要求	1. 熟悉小区的楼宇结构、单元户数、人口数量、楼座及小区区间道路走向，车辆及人员流动规律；熟悉管理区域内消防设施设备点位 2. 巡逻过程中，走姿规范，且做到两人成行三人成列 3. 重点部位、重点区域至少每2小时巡查一次，并做好巡查记录 4. 巡逻过程中，遇见业主要主动敬礼、问好，道路狭窄时应侧身礼让 5. 小区内车辆临时停放需打开双闪，车辆停放不得超过30分钟 6. 遇见业主需要帮助时（如提重物、开单元门等），要主动提供帮助 7. 在巡逻过程中，发现可疑或闲杂人员要进行盘问，并请其离开小区 8. 禁止发小广告的人员进入，如在小区内、楼宇内发现散发传单或张贴小广告的人员，立即制止并上报主管 9. 制止乱搭乱晾、乱停放非机动车等行为 10. 对乱丢烟头、践踏草坪、破坏绿化植物等不文明行为进行劝阻，对打架斗殴事件进行制止 11. 装修巡查时，检查装修户内灭火器是否有效；提醒施工人员及时清运垃圾到指定位置，严禁向窗外、楼梯过道等公共区域抛撒或堆放 12. 巡逻时发现较大面积的污迹或积水时，立即通知客服中心或联系就近保洁员处理
职业安全	1. 工作过程中注意安全防护（如夜间穿着反光背心巡逻） 2. 客户行为过激时，保护好自己，并通知监控中心，寻求支援 3. 驾驶电动车巡逻时，车速控制在15公里/小时以下
常见问题	1. 火灾事件处理流程：赶到现场—确认火情—通知消控中心—疏散附近业主—保护现场 2. 电梯困人事件处理流程：通知客服中心（白天）/消控中心（夜间）—做好现场沟通与警戒工作 3. 盗窃事件处理流程：通知门岗封锁出口—排查人员—向上级和客服中心汇报—保护好现场—疏散围观人员 4. 违规装修处理流程：发现违规装修—通知当班班长、客服中心—现场拍照存证 5. 公共设施设备损坏处理流程：信息上报—拍照留存证据—要求责任者及时修复或赔付 6. 打架、斗殴事件处理流程： 可控制，寻求支援并上报当班班长—及时劝阻 不可控制，寻求支援并上报当班班长—通知监控中心追踪—报警处理
备注	

【范本1-07】

监控岗工作行为规范及要求

服务流程	整理仪容仪表 → 交接用品 → 消防主机检查 → 重点部位监控、火警监控 → 协调处理 → 记录			

	服务前，整理仪容仪表	正确使用工具，做好相应记录	主要职责	服务态度与禁忌
行为规范	1. 严格按照公司要求着工服，保持服装干净整洁，工牌佩戴在左胸上衣兜处并保持水平，衣服、鞋、袜保持干净。 2. 头发保持整洁干练，不得留胡须、长发，发角长度不超过耳部	1. 熟练掌握监控调阅、录像保存等常规操作。 2. 如实填写消防设施报警及故障记录，及时向相关部门反馈。 3. 熟练掌握对讲电话的使用规程。 4. 熟练掌握灭火器具的性能及使用方法	1. 密切关注辖区人员动态、辖区秩序、消防安全。 2. 负责监控设备异常信息的收集、处理及记录。 3. 当消防主机发出报警信号时，立即通知巡逻岗进行核实。 4. 负责对进入消控室的人员进行登记。 5. 负责对讲信息的接收及处理。 6. 夜间值班时认真做好业主报修或投诉记录，并根据具体情况向相关部门或人员反馈。 7. 负责对重大事件的录像资料进行保存。 8. 负责夜间值班呼岗工作，并做好相应记录	**服务态度：** 1. 严格遵守电话接听礼仪，详细记录报事内容并及时传递相关部门。 2. 有警必确认。 3. 密切关注小区动态，发现异常时记录并反馈。 **服务禁忌：** 1. 接听电话不及时，用语不礼貌。 2. 信息记录不准确或不完整。 3. 报事信息未及时传递。 4. 精神状态不佳，有警报不处理。 5. 脱岗、空岗、睡岗

续表

工作要求	1. 各班人员交接时，应检查消防主机、联动柜及监控视频的显示情况，如有异常报警信息，及时处理。 2. 关注监控视频画面，出现异常情况及时通知相应岗位处理，并记录。 3. 夜间 00:00～次日 06:00 至少每小时呼岗一次，并做好记录。 4. 做好业主信息资料及监控视频资料的保密工作，严禁信息外泄。 5. 将业主诉求信息记录到监控室值班记录上，并及时跟进。 6. 监控中心发现异常情况或突发事件，应立即通知巡逻岗前往查看，并根据回报情况通知相关负责人到场，以控制事件影响范围。
职业安全	控制中心人员应持证上岗
常见问题	1. 火灾事件处理流程： 查看火情地点—通知就近巡逻岗确认—确认误报—主机复位—记录信息 查看火情地点—通知就近巡逻岗确认—确认火情（调整监控显示屏，锁定火情区域）—信息上报—启动应急预案—记录信息 2. 电梯困人事件处理流程：确定被困人员—与被困人员交流情况—通知客服中心、维修人员—配合现场工作 3. 盗窃事件处理流程：通知封锁出口—监控各出入口、电梯和主干道—发现可疑情况立即通知就近巡逻岗—记录信息 4. 违规装修、公共设备设施损坏处理流程：通知相关责任人—记录信息 5. 打架、斗殴事件处理流程：通知就近巡逻岗—信息上报—密切关注—配合调阅监控—保存录像—记录信息 6. 设备房突发故障处理流程：通知维修部—记录信息
备注	

【范本 1-08】

地库岗工作行为规范及要求

服务流程	整理仪容仪表 → 交接用品 → 责任区巡查 → 记录
行为规范	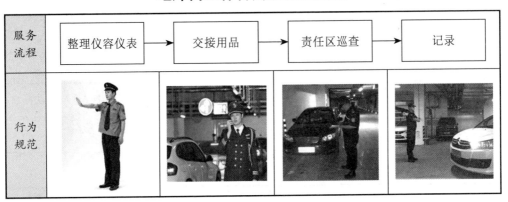

续表

	服务前，整理仪容仪表	正确使用工具，做好相应记录	主要职责	服务态度与禁忌
行为规范	1. 严格按照公司要求着工服，保持服装干净整洁，工牌佩戴在左胸上衣兜处并保持水平，衣服、鞋、袜保持干净 2. 头发保持整洁干练，不得留胡须、长发，发角长度不超过耳部	1. 使用对讲机时语言要标准、简练、清晰 2. 熟练掌握灭火器具的性能及使用方法	1. 引导停车场内车辆按要求行驶及停放，保证通道畅通，防止发生交通事故 2. 负责对停车场进行巡视，发现异常及时处理 3. 负责处理停车场内各种突发事件和纠纷，及时向当班班长报告，并做好现场记录 4. 负责停车场执勤设施设备的检查及维护 5. 负责停车场火警、匪警的验证和处理 6. 协助客服部督促车主交纳停车场相关费用 7. 熟练掌握机械车位的操作规程和安全须知	服务态度： 1. 遇到业主微笑问好，主动帮忙 2. 对进出车辆需敬礼 3. 使用"请""您好"等礼貌用语 服务禁忌： 1. 语言粗鲁，激化矛盾 2. 遇到有困难的业主视而不见 3. 对进出车辆/人员不理不睬
工作要求	1. 保持值班室内外环境卫生干净、整洁 2. 熟练掌握停车工作规程，熟悉车库消防装置及消防设施的分布 3. 对进出车辆的外观进行检查，发现异常情况及时处理，并留存记录 4. 熟悉业主车辆信息，掌握车库车位的租售信息 5. 在地库巡逻过程中，做好车辆的安全检查，发现车窗未关、漏油或其他异常情况，及时联系业主，并做好记录 6. 如出现交通堵塞，应及时疏通，保证车辆正常通行；如出现车辆剐蹭，可联系交警协助处理 7. 熟练掌握机械车位常见故障的处理方法及措施，如无法解决，及时通知厂家			
职业安全	1. 车辆冲岗时，应注意躲避，并及时通知消控室报警处理，切勿以身挡车 2. 当班期间应穿反光背心			
常见问题	1. 撞车事件处理流程：通知班长—通知监控中心—现场警戒—疏导交通—协商处理或报警 2. 车辆冲岗处理流程：通知门岗及班长—现场警戒—取证			
备注				

第二节　安全防范系统的升级与优化

物业辖区的安全防范系统是指利用现代科学技术，采用各种先进的器材设备，实现居民小区防入侵、防盗、防破坏等目的，并保证辖区居民人身及财产安全的综合性多功能防范系统。安全防范系统的升级与优化包括视频监控、入侵报警、门禁控制等系统的优化，旨在提高系统的稳定性和准确性，实现对物业区域的全方位监控和防护。

一、视频监控系统

视频监控系统是一种由计算机控制的图像矩阵交换系统，是安全防范系统的重要组成部分。利用系统控制台，操作人员可以查看各个摄像头的实时画面，同时可进行录像回放。视频监控系统能够监视摄像头的图像信号电平，如果摄像头出现故障，系统会及时发出报警信号并记录故障。其他智能系统，如防盗报警系统、门禁管理系统、消防系统等，可以通过通信接口视频监控系统进行联动。

视频监控系统能实时、形象、真实地反映被监视区域的画面，并已成为人们现代化管理中的一种极为有效的观察工具。工作人员在控制中心就可观察许多区域（甚至是远距离区域）的状态，所以它也是保安工作的有效帮手。

视频监控系统主要对小区主要道路、活动区域、电梯、楼梯间、候梯厅、停车场等特定位置进行实时监控，同时与周界报警系统进行联动，功能如图1-1所示。

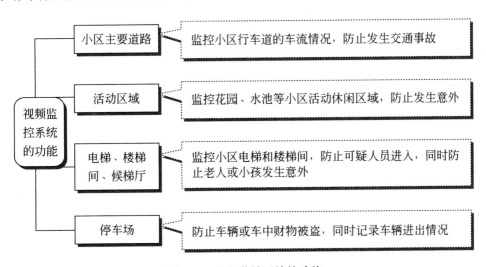

图1-1　视频监控系统的功能

二、高空抛物监测系统

高空抛物行为被称作"悬在大城市空中的剑",它比乱丢垃圾更可怕,严重影响业主的生活,甚至威胁业主的生命安全。

高空抛物大致分成两大类:一是"潜意识"高空坠物,主要是建筑外墙附着物、广告牌等陡然掉落,或是窗户玻璃、盆栽植物等坠落;二是"有目的"高空抛物,即高层住户随手丢弃物品。

> 请牢记:
> 高空抛物很有可能涉嫌违法犯罪,取决于高空抛物者的主观意识及导致的后果。

"潜意识"高空坠物,多是设备年久失修或外力作用造成的。然而,由物业人员进入业主家里对窗户开展逐一清查,执行难度较大,更何况许多住宅小区压根就没有健全的物业管理。

伴随着人工智能技术算力及优化算法的高速发展,高空抛物智能监测系统采用 AI 视觉神经互联网的剖析优化算法,可依据"潜意识"跌落物的发展趋势,运用超清智能摄录设备,分辨出跌落物的运动轨迹,同时根据后台管理预警信息,达到防护和预警的目的。

对于"有目的"的高空抛物,高空抛物监测系统可实现 24 小时实时监控,并与物业人员进行绑定,摄像机侦测到高空抛物行为,可及时向物业人员发出告警,以便于物业人员取证与处理。同时,高空抛物监测系统可提供接口,供执法部门进行数据调用,如图 1-2 所示。

比如,高空抛物监测系统根据 AI 智能算法能精准地计算出抛物地点,并主动抓拍、自动取证和实时预警,在此基础上形成"公安—社区—物管"三方联动机制。高清抓拍系统能清楚地记录抛物行为,即

图 1-2 对小区内高空抛物进行监控

使没有人员受到伤害,也能在后台显示谁有这种不良习惯,以便于物业人员上门规劝教育,减少高空抛物行为的产生。

三、入侵报警系统

入侵报警系统(Intruder Alarm System,IAS)是指利用传感器技术和电子信息技术探测并显示非法进入或试图非法进入防护区域的行为、发出报警信息的电子系统或网络。

入侵报警系统就是用探测器对建筑物内外重要地点和区域进行布防,及时探测非法入侵,并向有关人员示警。

比如,门磁开关、玻璃破碎报警器等可有效探测外来的入侵,红外探测器可感知人员在楼内的活动等。一旦发生入侵行为,入侵报警系统能及时记录入侵的时间、地点,同时通过报警设备发出报警信号。

1. 入侵报警系统的组成

入侵报警系统负责对建筑物内外各个点、线、面和区域进行巡查与报警,通常由前端设备(包括探测器和紧急报警装置)、传输设备、处理/控制/管理设备(报警控制主机)和显示/记录设备(输出设备)构成,如图1-3所示。

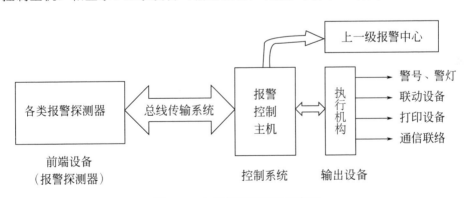

图1-3 入侵报警系统的示意图

前端探测部分由各类探测器组成,是入侵报警系统的触觉部分,相当于人的眼睛、鼻子、耳朵、皮肤等,能感知现场温度、湿度、气味、能量等物理量的变化,并按照一定的规律转换成适合传输的电信号。

操作控制部分主要是报警控制器。

执行机构负责接收、处理各子系统发来的报警信息、状态信息等,并将处理后的报警信息、监控指令分别发往报警接收中心和相关子系统。

2. 入侵报警点位的设置

前端报警探测器的分布直接影响物业管辖区域的安全,不同于视频监控设备,入侵报警设备在安防系统中起着前期防范的作用,可有效防止意外情况的发生。报警探测器点位的设置可参考表 1-1 所示的方案。

表 1-1 入侵报警点位的设置方案

所属区域	报警点位	报警需求
第一道防线区域	区域周界	主要防范外来人员翻墙入侵、越界出逃,可采用红外对射或电子光栅,红外对射光束数量和距离根据实际情况确定
	大厅出入口	主要防范进出大厅的人员,一般情况下可配置门磁开关和玻璃破碎探测器
第二道防线区域	建筑物出入口	主要防范进出建筑物的人员,可配置红外幕帘探测器和门磁开关,如有玻璃门窗,可配置玻璃破碎探测器
	单元楼层顶部	主要防范自楼层顶部入侵的人员,可选择激光探测器或者双鉴探测器
第三道防线区域	电梯	主要用于被困人员的紧急求救,一般配置紧急按钮
	一二层住户门窗、阳台	主要防范人员入侵低层住户的室内,一般配置幕帘探测器和玻璃破碎探测器
	室内通道	主要防范室内楼道等固定环境有人员入侵,可配置吸顶式三鉴探测器或双鉴探测器,同时,在通道汇聚点配置烟感探测器,用以防止火灾等突发情况
	监控中心	主要防范监控中心有人员入侵,一般配置吸顶式三鉴探测器或双鉴探测器,并配置紧急按钮,以便在紧急情况下手动报警
	室内区域	主要监控办公室、库房等室内重点区域,一般采用吸顶探测器和幕帘探测器,并辅以烟感探测器和紧急按钮等

四、门禁管理系统

门禁管理系统是新型现代化安全管理系统,集微机自动识别技术和现代安全管理措施为一体,涉及电子、机械、光学、计算机、通信、生物等技术,可对重要出入口进行有效防范,如图1-4所示。

门禁管理系统主要包括以下几个核心部分。

1. 门禁设备

门禁设备包括门禁控制器、读卡器、电锁等。这些设备安装在小区的进出口处,可识别进出人员的身份,并控制门锁的开启和关闭。通过读卡或密码、生物识别(如指纹、面部识别)等方式,系统可以准确判断进出人员的权限,确保只有经过授权的人员才能进入小区。

图1-4 小区入口处安装的出入口控制系统

2. 通信网络

门禁系统通过有线或无线网络与管理中心进行连接,实现数据的实时传输和远程控制。物业人员可以随时随地监控门禁设备的状态,并对其进行必要的操作和调整。

3. 管理软件

管理软件是门禁系统的核心,负责处理门禁设备的信号和数据,具备门禁控制、权限管理、记录查询等功能。通过管理软件,物业人员可以方便地设置门禁设备参数、添加或删除用户权限、查看进出记录等。

此外,小区门禁管理系统还可以与其他安防系统进行联动,如视频监控系统、报警系统等。当门禁系统检测到异常情况时,可以自动触发报警装置,并将相关信息传输到管理中心或相关人员的手机上,以便及时采取措施。

五、访客管理系统

访客管理系统主要是对访客信息进行登记,为访客指定接待人员,授予访客门禁点/电梯/出入口的通行权限,对访客在来访期间的行为进行记录,并提供访客预约、访客自助服务等功能。

访客管理系统的主要服务对象为外部来访人员，对其主要有三种管制方式，具体如表1-2所示。

表1-2 对访客的管制方式

序号	管制方式	具体说明
1	通过信息平台登记	来访人可以通过信息平台进行预登记（来访人资料、手机号码；被访人姓名、工作单位或楼层房间号），经被访人确认后，系统会发送密码到来访人手机。来访人在访客机上输入密码并扫描证件，可获得信息平台分配好"权限组"的卡片
2	通过电话直接与被访人预约	采访人通过电话直接与被访人预约，被访人需要登录相应的信息平台填写来访人信息（手机号码必填）进行确认，然后系统会发送密码到来访人手机，来访人在访客机输入密码并扫描证件，可获得信息系统分配好"权限组"的卡片
3	到保安室进行信息登记	没有提前预约的来访人需到保安室进行信息登记，由保安人员联系被访人进行确认，并通过扫描终端对来访人员进行登记，然后将信息系统分配好"权限组"的卡片交予来访人

六、电子巡更管理系统

电子巡更管理系统是安防必备系统，因为，没有任何电子设备可以取代保安，而保安最主要的工作就是巡更。

电子巡更管理系统是一种基于计算机技术和无线通信技术的安全管理系统。它通过电子巡更设备，实现对巡更人员工作轨迹的实时记录和监控，确保每个巡更点都得到巡查，如图1-5所示。同时，该系统还可以生成巡更报告和数据分析报告，帮助管理人员监控保安的巡更情况，及时改进管理策略。

1. 系统组成

电子巡更系统主要由巡更设备、管理软件和数据存储设备组成，如图1-6所示。巡更设备包括巡更棒、巡更点等，用于记录巡更人员的巡查轨迹和时间。管理软件则负责数据的收集、处理和分析，提供

图1-5 巡逻人员扫描二维码签到

实时监控、报警提示等功能。数据存储设备用于存储巡更数据和管理信息，确保数据的安全性和可靠性。

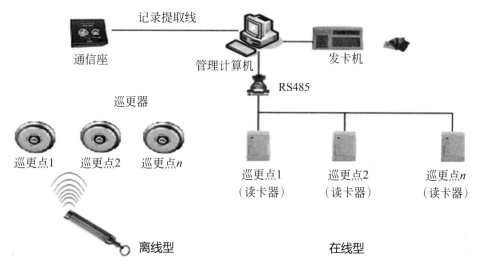

图 1-6　电子巡更系统的组成

2. 系统功能

（1）实时监控：电子巡更系统可以实时跟踪巡更人员的活动轨迹和巡检情况，管理人员通过电脑或手机随时查看巡更人员的位置和巡查状态。

（2）报警功能：一旦发现异常情况或漏检点，系统立即发出报警提示，通知管理人员及时采取措施。这有助于及时发现安全隐患，提高小区的安全防范水平。

（3）数据分析：系统可以生成巡更报告，帮助管理人员了解巡更人员的工作情况、巡查频率和覆盖范围等，为改进管理策略提供数据支持。

七、楼宇可视对讲系统

楼宇可视对讲系统主要用于多层或高层建筑中，实现访客、业主和物业服务人员之间的通话、信息交流，并对小区的出入通道进行控制。

该系统主要由门口主机、室内分机、不间断电源、电控锁和闭门器等部件构成，在传统对讲系统的基础上还增加了影像传输功能。

楼宇可视对讲系统具有多种功能，来访者可通过楼下单元门的主机方便地呼叫业主并与其对话，同时，业主在没有带钥匙的情况下可以呼叫物业人员协助开启单元门锁。此外，业主在室内也可以控制单元门的启闭，并呼叫物业人员。对于进出人员，系统还能进行监控和录像。

此外，楼宇可视对讲系统还具有防盗报警功能，可实现智能家居设备联动报警、实时查看楼宇情况、对入侵进行预警等目的。它结合视频、门禁、对讲等功能，形成了完整的楼宇安全管理体系。

第三节　群防群治策略的实施

群防群治策略是指利用群防群治的理念，由业主和物业管理人员共同参与，形成安全管理的合力，通过宣传教育、安全检查、隐患排查等方式，提高业主的安全意识，共同维护物业区域的安全稳定。

一、密切联系辖区业主，做好群防群治工作

物业治安管理是一项综合的系统工程，要想确保物业设备设施的安全和业主的人身财产安全，仅靠物业服务企业的保安力量是不够的。而密切联系辖区内业主，做好群防群治工作，则是物业服务企业提升服务质量和辖区安全的重要举措。这一工作旨在加强物业服务企业与业主之间的联系与沟通，共同构建一个安全、和谐、有序的居住环境。

1. 加强沟通渠道建设

物业服务企业可设立固定的物业服务热线或在线平台，方便业主反映问题、提出建议。

还可以定期举办小区座谈会或业主大会，邀请业主代表参加，就小区安全、环境卫生、物业服务等议题进行深入交流。

2. 开展群防群治宣传活动

利用社区公告栏、微信公众号等平台，定期发布安全知识、防盗防骗技巧等内容，可提高业主的安全意识。

组织开展"安全进万家"等主题活动，邀请专业人士为业主提供安全咨询服务，以提高业主的自我保护能力。

3. 建立业主志愿者队伍

招募热心公益、有责任心的业主加入志愿者队伍,共同参与小区的安全防范工作。

对志愿者应进行必要的培训,提高其安全防范和应急处理能力。

4. 及时处理业主反馈的问题

对业主提出的安全问题、服务需求等,物业服务企业应及时响应、积极处理。

物业服务企业可建立问题反馈和处理机制,确保业主的合理诉求得到妥善解决。

二、与周边单位建立联防联保机制

物业服务企业与周边单位建立联防联保机制,与所在地公安机关建立良好的关系,是一项非常重要的举措,主要体现在以下几个方面。

1. 建立联防联保机制的益处

建立联防联保机制的益处如图1-7所示。

益处一　共同维护小区的安全和秩序

通过联防联保机制,物业服务企业能够与周边单位形成紧密的合作关系,共同维护小区的安全和秩序,有效预防和打击各类违法犯罪活动,为业主创造一个安全、和谐的生活环境

益处二　有助于实现资源共享

物业服务企业和周边单位可以互相借鉴和学习安全管理、应急处理等方面的经验和做法,不仅有助于提升工作效率,还能够降低管理成本,实现互利共赢

益处三　能够增强小区凝聚力

通过共同开展各类安全宣传、社区活动等,物业服务企业和周边单位可以加深彼此的了解和信任,增强小区业主的归属感和认同感,构建一个团结、友爱、互助的小区氛围

图1-7　建立联防联保机制的益处

2. 建立联防联保机制的要点

物业服务企业在与周边单位建立联防联保机制时,需要注重以下几个方面的工作。

（1）明确各方职责和权利,确保权责清晰、分工明确。

（2）建立有效的沟通机制,确保与周边单位能够及时沟通、信息共享、协调配合。

（3）制定完善的安全管理制度和应急预案,确保在发生突发事件时能够迅速、有效地应对。

（4）加强宣传教育,提高业主的安全意识和自我防范能力。

第四节　完善安全管理制度与流程

物业安全管理制度与流程的建立和实施是确保物业区域安全稳定的关键。安全管理制度与流程包括详细的安全管理制度、应急预案和处置流程等,确保在发生安全事件时,物业人员能够迅速、有效地处置,以降低损失和风险。

一、物业安全管理制度

完善的物业安全管理制度是物业服务企业稳定运行的基石。表 1-3 所示是一些重要的物业安全管理制度。

表 1-3　重要的物业安全管理制度

序号	制度名	说明
1	门禁系统管理制度	建立严格的门禁管理制度,对进出人员进行登记和审查。通过刷卡、输入密码、生物识别等方式控制人员进出,确保只有经过授权的业主和访客才能进入。同时,加强门禁设备的维护和更新,确保其稳定运行
2	巡逻与巡查制度	建立巡逻和巡查制度,对物业区域进行定时、定点的巡逻和检查。巡逻人员应熟悉小区环境,及时发现并处理异常情况。同时,与街道、居委会、派出所等部门的建立联防机制,共同维护小区安全
3	消防安全管理制度	制定消防安全管理制度,明确消防设施的维护和管理责任。定期对消防设施进行检查和测试,确保其始终处于良好状态。同时,加强消防安全宣传和教育,提高业主和员工的消防安全意识

续表

序号	制度名	说明
4	车辆管理制度	建立车辆管理制度，对小区车辆进行登记和管理。限制外来车辆进入，确保小区交通秩序井然。同时，设立停车位和停车指引，方便业主停车
5	应急管理制度	建立应急管理制度，完善应急预案和处置流程。在发生突发事件时，能够迅速启动应急预案，组织人员进行处置，最大限度地减少损失和影响

除了制定以上制度外，还应加强物业人员的培训和管理，提高他们的服务意识和专业技能。同时，建立有效的投诉和建议渠道，鼓励业主积极参与物业管理，共同维护小区的安全和稳定。

总之，制定物业安全管理制度需要综合考虑多个方面，确保各项制度得到有效执行，为业主提供一个安全、舒适、和谐的居住环境。

二、物业安全管理流程

物业安全管理流程包括多个关键步骤和环节。

1. 安全巡查与监控流程

（1）定期巡查：物业人员应按照预定的路线和频次进行巡查，确保物业公共区域、设备设施以及重要位置得到充分关注。

（2）利用监控设备：利用物业区域的监控设备，对重要区域进行实时监控，确保及时发现异常情况。

（3）记录与报告：巡查人员应详细记录巡查过程中发现的问题或异常情况，并及时向上级或相关部门报告。

2. 应急管理与处置流程

（1）制定应急预案：根据物业区域的实际情况，制定详细的应急预案，包括火灾、盗窃、打架斗殴等突发事件的应对流程。

（2）开展应急演练：定期开展应急演练，提高物业人员应对突发事件的能力和水平。

（3）现场处置：在发生突发事件时，物业人员应迅速响应，按照应急预案进行处置，确保人员安全，减少财产损失。

3. 事件调查与记录流程

(1) 事件调查：对发生的安全事件进行调查，查明原因和责任人。

(2) 记录与报告：对事件进行详细记录，包括时间、地点、经过、损失等，并及时向上级或相关部门报告。

(3) 总结与改进：根据事件调查结果，总结经验教训，完善安全管理措施，防止类似事件再次发生。

4. 安全培训与宣传流程

(1) 安全培训：定期对物业人员进行培训，提高他们的业务技能和应急处理能力。

(2) 安全宣传：通过宣传栏、公告、社区活动等方式，向业主宣传安全知识，提高他们的自我防范能力。

学习笔记

通过学习本章内容,想必您已经有了不少学习心得,请详细记录下来,以便后续巩固学习。如果您在学习中遇到了一些难点,也请如实记下来,以便今后进一步学习,彻底解决这些问题。

我的学习心得:

1. _____
2. _____
3. _____
4. _____
5. _____

我的学习难点:

1. _____
2. _____
3. _____
4. _____
5. _____

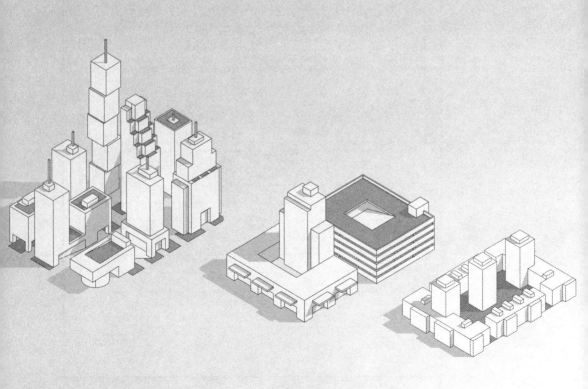

第二章
Chapter two
物业门禁与出入管理

第一节　门岗的工作职责

第二节　门岗执勤的专业化要求

第三节　人员出入严格管控

第四节　物品出入细致审查

第五节　紧急情况的快速响应与处置

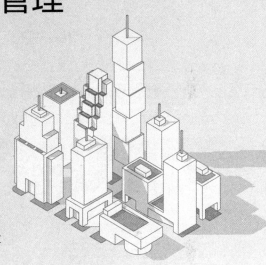
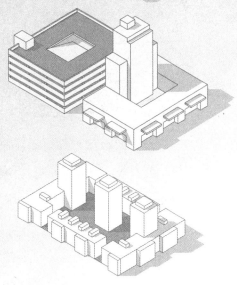

> **>>>>> 培训指引**
>
> 物业门禁与出入管理是为了维护小区的安全和秩序，确保业主的生活质量而制定的一系列规定和措施。物业服务企业通常会在小区大门口设立门岗，提供门卫服务。门卫服务是指门岗人员履行岗位职责，在大门口严格把守，对进出车辆、人员、物品等进行检查、验证和登记的一系列活动，以维护物业辖区的治安和秩序，保障业主的人身及财产安全。

第一节　门岗的工作职责

门岗的工作职责为：依据有关法律法规和企业的规章制度，对进出物业小区大门的人员、车辆、物资进行严格的检查、验证和登记，以防止不法分子进入物业区域及业主财物丢失等，确保物业辖区人、财、物安全。

一、对进出人员进行检查

检查进出人员的证件并严格履行登记手续，是门岗的重要职责。门岗保安员应对进出人员加强管理，要求外来人员凭有效证件出入，禁止无关人员进入。

二、对进出车辆、物资进行查验

门岗保安员应对进出大门的车辆及所携带、装运的物资进行严格的检验、核查。

1. 防止携带危险物品进入

危险物品具有放射性、爆炸性、燃烧性、腐蚀性和窒息性等特殊性能，作用快，破坏能力强，可能导致严重的后果，从而威胁业主的人身与财产安全。

2. 防止将违禁物品夹带入内

违禁物品同样也会给物业辖区治安构成危害，因此，门卫保安员应将违禁物品拒之门外。

3. 防止将业主的财物夹带出门

为了杜绝此类事件发生，门岗保安员有必要对进出车辆及所携带物品进行检查。

三、对进出车辆和人员进行疏导

门岗保安员的一项重要工作就是疏导交通，防止车辆和行人抢道，保证通行畅通有序。小区的出入口一般较宽阔，因此会出现占用道路摆摊设点、停放车辆、堆物作业、搭棚盖房等情况，所以门岗保安员要及时清理门口障碍，劝阻无关人员离开，以免妨碍人员、车辆出入小区。

四、配合公安机关的工作

门岗还应辅助公安机关维护社会治安环境。发现可疑的人和事，要及时报告公安机关保卫部门，并主动配合他们的工作，共同筑牢小区的安全防线。

第二节 门岗执勤的专业化要求

门岗既反映了物业小区精神文明程度，也体现了物业服务质量和服务水平，因此，门岗保安员要注意礼仪礼节，严格履行工作职责。

一、要文明执勤

门岗保安员执勤时必须做到服装整洁、仪表端庄、精神饱满、态度和蔼、礼貌待人、办事公道、坚持原则、以理服人、尽职尽责、热忱服务；不准擅离职守、闲聊打闹、酗酒吸烟、私自会客；严禁刁难人、打骂人、欺压人、粗暴无礼，不准有侮辱人格的行为发生。

> 💡 **请牢记：**
> 业主出入大门时，门岗保安员应礼貌微笑迎送，并把精力放在重点时间、重点部位和重点人员上面。

二、多使用礼貌用语

门岗保安员应多使用礼貌用语,为业主提供优质的服务。

(1)当日第一次遇到业主时,应立正敬礼,并向业主问好,如"早(晚)上好""上(中、下)午好"。

(2)当有陌生人走近大门时,要立正问候,如"×先生/小姐/女士,您好!"或"请问您有什么事吗?"

(3)当访客对登记身份证件有异议时,应诚恳地向对方解释:"对不起,登记身份证号码是公司的一项制度,请您支持!"

(4)当访客出来时,要准确填写离开时间,如其证件留在门岗,应双手将证件递还访客,同时说:"请慢走!"

(5)当遇到公司领导陪同客人前来参观,应立正敬礼,并礼貌地说:"欢迎各位领导光临指导!"

(6)如有业主询问自己工作职责以外或自己不了解的事情,不要轻易允诺,应礼貌地解释:"对不起,我不了解这个事情,如果需要,我帮您询问一下,一会给您回复。"

三、严格执行规章制度

规章制度是为了维护物业小区秩序,防止业主人身和财产遭受损失,保障物业工作顺利开展,而制定的规程和准则。

门岗保安员应严格执行各项规章制度,同时做好制度的宣传与解释工作,取得业主的理解和支持,以便更好地开展工作。

四、查验要细致

门岗保安员在查验出入人员证件,核对进出车辆、物资时要认真负责、仔细观察,不要忽视任何蛛丝马迹。

1. 查验方法

查验方法如图 2-1 所示。

```
对人的观察 ──▶ 要从人的衣着打扮、动作表情上发现疑点，如衣着打扮是否
                正常，有无冷天穿衣少、热天穿衣多、雨天戴墨镜等情况；
                有无左顾右盼、神色慌张等表情

对物的观察 ──▶ 要从所携带物品的型号、形状、色彩、气味、体积、包装上
                发现异常

对车辆的观察 ──▶ 要注意观察驾驶员的神态有无反常现象，如过于热情、大方
                  地赠送礼品，是否企图驾车闯入、逃避检查等
```

图 2-1　查验方法

2. 查验步骤

（1）对人员的姓名、年龄、籍贯、身份证件、来访目的、活动时间、携带物品等情况进行详细的询问与检查，并在盘问中捕捉疑点。

比如，说话的口音与籍贯不符；身份证件有涂改、伪造的痕迹；衣着打扮与身份不符；携带物品的数量与表述不符等。对一些回答问题支支吾吾、前后矛盾、漏洞百出或行为反常、举止可疑的人员要特别注意。

（2）对车辆和物品进行全面的检查，注意是否装载违禁物品。发现单物不符时，不予放行，必要时可暂扣车辆；若有犯罪嫌疑，应当将犯罪嫌疑人送到公安机关审查。

五、处理问题要灵活

门岗所处的位置很重要，是人员、车辆出入小区的必经之路，人员流动量大、车辆进出频繁。所以，门岗保安员在值勤过程中应灵活处理问题，具体要求如图 2-2 所示。

原则性问题

对于原则性问题必须坚持原则，不能有丝毫让步，如物资出门无放行条、车辆进出无出入证、外来访客不履行来客登记手续等

非原则性问题

对于非原则性问题则可以灵活处理，不能过于计较，否则会浪费时间，导致业主投诉

图 2-2　灵活处理问题的要求

 请牢记：

　　灵活处理问题是指处理问题应随机应变，将原则性问题和非原则性问题区分开来，采取有针对性的措施妥善处理。

六、交接班要清楚

　　门岗保安员交接班的内容，一般包括执勤情况、需注意的问题和待办事项等。根据门岗的性质、工作环境和交接时间，可将交接班分为同向交接、异向交接和侧向交接三种，如表 2-1 所示。

表 2-1　交接班的方法

序号	交接方法	具体说明
1	同向交接	即交接班的门岗保安员面向同一方向并肩站立进行交接，适合于执勤环境较好、门前没有杂乱车辆和物品的一般门岗
2	异向交接	即交接班的门岗保安员保持 1～2 米相对站立进行交接，适合于情况比较复杂或夜间执勤的门岗。特殊情况下，也可并肩或者背靠背站立交接
3	侧向交接	即交接班的门岗保安员距离 1 米以上，面向内侧站立进行交接，适合于白天执勤的门岗

第三节　人员出入严格管控

物业区域每天有大量的人员出入，不仅有业主，还有来访人员、作业人员，为了保证业主的人身、财产安全，物业服务企业必须做好人员出入管控。

一、来访人员出入登记

1. 需进行登记的人员

业主、物业服务企业领导及员工进出小区不用登记。而外来人员（包括业主的亲友、各类访客、装修等作业人员、员工的亲友等）进出小区一律执行登记制度。

2. 来访人员迎候与登记要领

（1）当有客人来访时，应主动点头微笑示意，礼貌询问，如"先生（小姐），您好！请问您拜访哪位，住哪层、哪座？""请您出示身份证件进行登记。""请您用对讲机与您朋友联系一下。""对不起，让您久候了，谢谢合作，请上楼。""对不起，验证登记是我们的工作制度，请您谅解。"等。

（2）认真核对证件，若与持有人不符，则不予放行。登记的有效证件包括身份证、居住证、驾驶证等，如图2-3所示。

图2-3　门岗保安员认真验证、登记

（3）来访人员应准确说出所找业主的姓名及楼座等，必要时门岗保安员可与业主打电话确认。

（4）当来访人员出小区时，门岗保安员应说"谢谢合作！""再见！""慢走！"等，并准确记录离开时间。

门岗保安员登记的内容主要有来访人员姓名、性别、工作单位、证件名称及号码、出入时间、被访人员姓名、是否预约、值班人员等，如表2-2所示。

表2-2 来访登记表

日期		来访人姓名	性别	年龄	住址	有效身份证件/号码	被访人姓名	住址	来访时间	离开时间	值班人	备注
月	日											

相关链接

验证的方法

验证就是查验进出人员、车辆及物资的证件和凭证。

1. 常见证件的类型

常见证件主要有工作证、出入证、货物出入单等,见下表。

常见证件的类型

序号	证件类型	证件说明
1	工作证	工作证是一些单位自制的用以证明员工身份的证件。工作证没有统一的格式,由各单位根据需要自行设计。工作证一般记载持证人姓名、性别、出生年月、工作单位与职位、照片等信息
2	出入证	出入证是由相关单位制作的允许持证人或有证车辆出入特定区域的证件。该种证件没有固定的格式和内容,有的是纸质的,有的是由木头或塑料制成的,有的是电子感应卡片等
3	货物出入单	货物出入单一般是相关单位根据工作需要自行设计制作的货物出入凭据,主要记载货物名称、型号规格、数量、出入时间、运货人、批准人等内容

2. 验证的方法

验证一般分为逐个验证、重点查验和免验放行三种情形,见下表。

验证的方法

方法	定义	操作要点
逐个验证	逐个验证是对进出人员、车辆及物资的证件和凭证逐个检查	（1）要着重查验证件照片与持证人是否相符，钢印与证件签发单位是否相符，是否已过有效期 （2）要注意对方的神态举止。夜间验证时，与对方的距离应该拉大，保持有撤步的余地 （3）查证未发现问题的，归还证件并礼貌放行。对拒绝验证的人员，不准其入内。发生纠纷时，及时向上级报告，请有关人员前来处理
重点查验	重点查验是在人员、车辆出入比较集中时，重点查验可疑人员、车辆的证件	（1）对熟悉且出示证件的人员、车辆，目示放行 （2）对陌生且未出示证件者，仔细查验
免验放行	免验放行是对单位事先通知、具有特殊标识或固定车号的人员及车辆直接放行	对本单位的主要负责人和上级单位事先通知的免验对象，根据车号和特殊的标识，免验放行

二、作业人员出入控制

作业人员指的是装修施工人员，搬家人员，送货、送餐、送快递等服务人员。对于这一类人员的出入，应按图2-4所示的流程来操作。

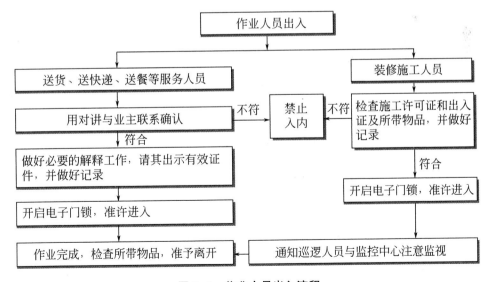

图2-4 作业人员出入流程

案例

安保人员违规放人进入管理区域

2021年8月的某一天,钟某谎称自己是装饰工程公司的装修工人,安保员未仔细查验装修出入证,也未进行登记,就放其进入物业小区。致使钟某顺利进入一业主的住所,在室内作案长达4个小时,将保姆及业主妻子杀害,劫得10万余元财物后,按原路线离开该小区。

该业主将物业管理处和钟某告上法庭,一审法庭给出了判决:物业管理处应对赔偿总额的30%(约17万元)承担补充赔偿责任。原来,钟某曾于2020~2021年,参与了本小区两套房屋的装修。管理处均为钟某办理了"出入证",上面注明了有效期。案发当日上午9时许,钟某携带装有铁锤、卷尺的塑胶袋,对安保员谎称装修施工,并出示了一张过期的"出入证"。安保员既没有查验"出入证"有效期,也没有进行登记,即同意钟某入内,最终导致了案件的发生。

对于装修人员,不管是否熟悉,安保员都应该按程序进行验证与登记,对于证件不符的人员,应禁止进入。同时,应通知巡逻人员对装修过程进行监控,以防违规装修。

第四节 物品出入细致审查

一、物品出入控制程序

1. 物品出入控制流程

物品出入控制流程如图2-5所示。

2. 物品出入控制要求

(1)物品的搬入

① 当业主或其他人往小区搬运物品时,门岗保安员应礼貌地确认是何物品,

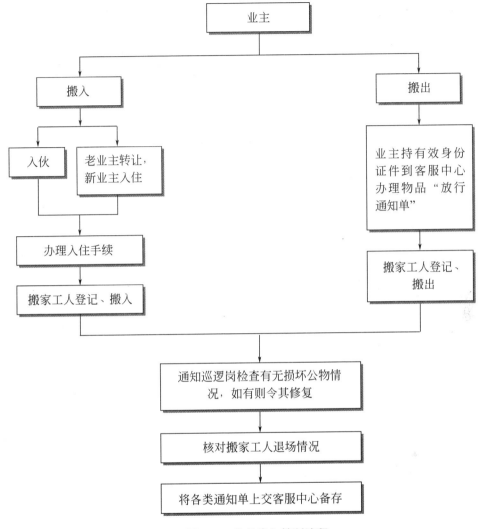

图 2-5　物品出入控制流程

搬往何处，确认无危险物品后，予以放行。

② 当搬入物品属危险品时，门岗保安员应拒绝入内，并报告班长或相关领导。

（2）物品的搬出

① 业主需要搬出物品时，应提前到客服中心办理手续，说明需要搬出物品的名称、数量及大致时间，并提供本人身份证复印件签字确认。客服中心会按照业主提供的情况出具"放行通知单"。租户搬出物品，则应由业主到场签字认可。

② 当班门岗保安员收到业主交来的"放行通知单"后，应礼貌地对搬出物品

进行查验，确认无误后，请业主在"放行通知单"的相应栏内签字，然后对业主的支持与合作表示感谢。"放行通知单"应交回客服中心。

③ 若业主搬出物品时未办理"放行通知单"，门岗保安员应拒绝放行。特殊情况可报告班长或相关领导处理。

④ 搬出物品要及时，不得堆放在大堂。

放行通知单如图 2-6 所示。

放行通知单	放行通知单（存根）
大堂（岗）： 　　兹有_____阁_____层_____座业主_____先生/_____女士委托/同意_____先生/女士于____月____日搬出_____等物品，已办理搬迁手续，请查验后予以放行。 管理处（章） ____年____月____日 业主签名： ____年____月____日	大堂（岗）： 　　兹有_____阁_____层_____座业主（用户）_____先生/_____女士委托/同意_____先生/_____女士于____月____日前搬出_____等物品，已办理搬迁手续，请查验后予以放行。 管理处（章） ____年____月____日 业主或受委托人有效身份证件号码： 业主或受委托人签名： ____年____月____日 值班保安员签名： ____年____月____日____时____分

注：放行通知单存根应交客服中心留存。

图 2-6　放行通知单

二、物品的查验与登记

1. 查验

对搬出物业小区的物品进行查验是确保小区安全的重要环节。图 2-7 是物品搬出小区的查验程序。

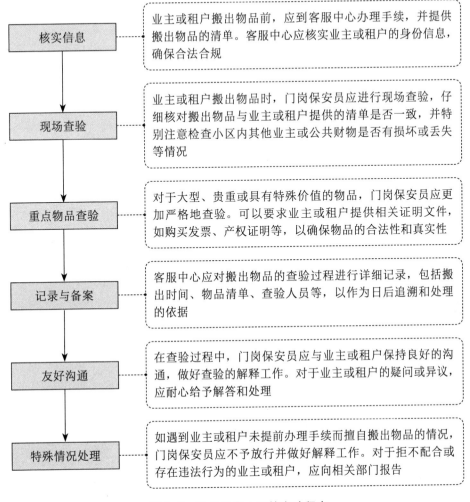

图 2-7 物品搬出小区的查验程序

门岗保安员对物品搬出小区严格执行查验程序，不仅可以维护小区的安全和秩序，也可以保护业主和租户的合法权益，避免不必要的损失。

2. 登记

门岗保安员应对物品进行登记，如发现携带物品是易燃易爆或放射性危险品，立即报告相关部门，按要求进行处置。

登记的内容主要包括：携带物品人员的姓名、工作单位、证件名称，物品的名称、数量、类别，货物出入单或物品证明，出入时间等。

对载有物品出入的车辆，登记内容包括车辆及随行人员的情况、运送物品的情况及物品证明、货物出入单或运输单等。登记的目的是检查所携带物品与出入手续是否相符。

> **请牢记：**
>
> 门岗保安员在对物品进行查验与登记时，要与对方保持安全距离，防止对方弃物逃跑、突然驾车逃窜或持物行凶。发现可疑人员和可疑物品，要及时报告领导或移交公安机关处置。门岗保安员不可自行搜身、搜车及处理可疑人员和可疑物品，应避免越权操作和违法侵权。

第五节　紧急情况的快速响应与处置

一、对无证私闯人员的处置

无证私闯人员是指没有身份证件或出入证件，未经准许擅自闯入物业辖区的人员。

无证私闯主要有趁保安员不备溜进溜出、假冒工作人员闯入闯出或混在有证件人群中跟进、跟出等几种情形。无证件私闯人员的身份很复杂，有的是忘带证件的工作人员，有的是非正常往来人员，有的是违法犯罪嫌疑人员或别有用心的人员，因此，对无证件人员要严格审查，防止其混进、混出，损害业主利益。

对无证私闯人员的处置见表2-3。

表2-3　对无证私闯人员的处置

序号	处置方法	操作要点
1	注意观察，快速识别	门岗保安员应密切关注周围情况，对身份可疑、行为鬼祟、在大门附近活动的人员，要劝其离开
2	果断拦阻	对无证件私闯人员，要果断拦阻，保安员除用身体拦阻外，还可以放下栏杆、关闭出入口等。
3	区分情况，分别处理	对正常往来的外来人员，可通知业主领进；对非正常往来人员，特别是闲逛、拾荒人员等，要坚决阻止其进入；对有违法犯罪嫌疑的人员，应通知保卫部门或报警
4	注意方法，避免冲突	对各类私闯人员，要以说服教育为主，文明执勤，尽量避免发生冲突。对正常往来人员，要耐心解释，引导其办理相关手续。对非正常往来人员要坚决阻止，并严格审查

二、对拒绝验证、登记人员的处置

拒绝验证、登记是指进出物业辖区的人员,虽然已经出示了证件,但不接受保安员查验或不按规定履行登记手续。主要原因是一些内部人员或经常往来人员怕麻烦、持假证件人员怕被查出来或违法犯罪人员想混进混出。

对拒绝验证、登记人员的处置见表2-4。

表2-4 对拒绝验证、登记人员的处置

序号	处置方法	操作要点
1	及时发现,坚决拦阻	这类人员为逃避查验,往往出示证件速度很快,显得比较着急。所以,保安员要及时发现,坚决拦阻,不要让其得逞
2	耐心劝说,讲明制度	对被拦阻人员,要耐心劝说,讲明规章制度。要言辞恳切,态度和缓,不可简单粗暴,更不能训斥,以防激化矛盾,发生冲突
3	分类处置	(1)如属内部员工,可通知其部门领导到场处理 (2)如属外来人员,应拒绝其进入,并报告保卫部门处理

三、对拒绝接受物品查验人员的处置

对拒绝接受物品查验人员,保安员要讲清规章制度要求,取得他们的支持与配合。

对拒绝接受物品查验人员的应分类处置,见图2-8。

类别一　外来人员带着可疑物品外出拒绝接受查验的,应通知保卫部门处理

类别二　内部员工带着可疑物品外出拒绝接受查验时,应通知保卫部门或其所在部门领导处理

类别三　外来人员身份证件合法有效,并办理了登记手续,但所带的物品未办理相应手续,应留置物品,开具物品清单,登记人员姓名,待手续齐全,再予以归还

类别四　如外来人员携带的是危险品,应当场扣留,并报警或报告保卫部门

图2-8 对拒绝接受物品查验人员的分类处置

四、对强行冲闯人员的处置

对强行冲闯人员的处置要点见图 2-9。

要点一：阻止强行冲闯人员，必要时，可关闭大门，放下栏杆

要点二：如发生冲突，应及时通知保卫部门派人到场处置。如强行冲闯人员危害保安员或他人人身安全，保安员可依法采取正当措施

要点三：当场抓获强行冲闯人员后，应及时报告保卫部门处理，涉及违法犯罪的，应将其送至公安机关处置

图 2-9 对强行冲闯人员的处置要点

五、对无通行标识私闯车辆的处置

无通行标识车辆是指没有办理通行证或不属于免验范围的车辆。这些车辆进出物业小区应当停车登记，接受检查。对未经允许私闯物业小区的无通行标识车辆，保安员应及时制止，妥善处置，具体如表 2-5 所示。

表 2-5 对无通行标识私闯车辆的处置

序号	处置措施	处置要点
1	示意靠边停车	机动车辆速度较快，进出物业小区，有一定的危险性。因此，对无通行标识的车辆，保安员应在其进门之前，示意其靠边停车，防止其突然闯入。保安员千万不要在车辆临近时突然拦截，以防刹车不及造成人员伤亡
2	拦截检查	可放下栏杆、关闭大门或用其他物体拦住通行道路，防止车辆突然冲闯。车辆停稳后，应示意司机下车办理验证、登记手续。如验证、登记时间较长，为不影响其他车辆、人员进出，可示意车辆靠边停放
3	及时报告	若车辆强行闯入，要记清车辆的型号、颜色、牌号和其他特征，并立即上报保卫部门，以防发生意外。若车辆强行闯出，应立即通知保卫部门，必要时可报告公安机关处理

六、对拒绝接受查验和不符合安全规定车辆的处置

(1) 对拒绝接受查验的车辆,首先向司机介绍门卫制度的规定,说服其配合查验。如司机仍不配合查验,可让其将车移至不妨碍交通的地方,下车等候,同时通知保卫部门和有关部门领导到场处理。

> **请牢记:**
> 对于这类情形,保安员不要强行查验,尤其不能登车验货,以免发生人员伤亡事故。如果司机强行冲闯,保安员要记清车号、车型、车身颜色,并报告保卫部门,及时查找,防止发生意外。对强行闯出的车辆,还要看清其逃跑方向,及时报告有关部门或报警。

(2) 发现车辆不符合安全规定,保安员要及时向司机指出,劝说其采取措施整改。

(3) 对现场无法消除安全隐患的车辆,应要求司机将车辆移至安全地带自行处置。

(4) 如果车辆发生故障,应采用拖、拉、推等办法将车辆移至安全地带。

七、发生火灾的处置

当物业小区发生火灾时,门岗保安员应采取表2-6的措施。

表2-6 发生火灾的处置措施

序号	措施	操作要点
1	迅速报警	拨打119,讲清着火地点(街、段、路、里弄、门牌号)、小区名称及周边特征,如建筑物或其他标识、着火部位、可燃物名称、火势大小和着火范围等,并派人在交叉路口引导消防车辆进入小区
2	向公司领导报告	报警后,要立即把火灾情况向公司领导报告
3	拉响警报	在报警的同时,拉响火险警报,按动紧急电铃,一则通知人员撤离危险区域,二则发动业主共同救火
4	积极扑救	要迅速切断与灭火无关的电源,关掉煤气总开关,将易燃易爆物品撤离火灾现场,并使用灭火器和消防水带进行扑救
5	严守大门	防止无关人员涌入小区阻碍灭火,防止不法分子混入小区搞破坏,防止纵火嫌疑人逃离现场

八、小区发生案件的处置

（1）立即封闭大门，防止犯罪嫌疑人从小区大门逃跑。

（2）严格履行验证手续，对身份不明的人员暂不放行。

（3）提高警惕，严防犯罪嫌疑人持械行凶。

学习笔记

通过学习本章内容,想必您已经有了不少学习心得,请详细记录下来,以便后续巩固学习。如果您在学习中遇到了一些难点,也请如实记下来,以便今后进一步学习,彻底解决这些问题。

我的学习心得:

1. _____
2. _____
3. _____
4. _____
5. _____

我的学习难点:

1. _____
2. _____
3. _____
4. _____
5. _____

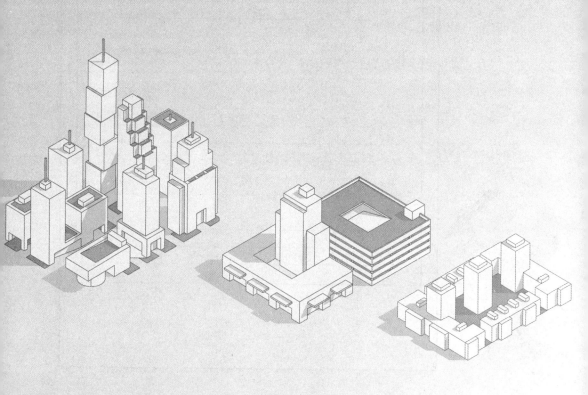

第三章
Chapter three
物业巡逻管理

第一节　巡逻的目的

第二节　巡逻作业的内容和要求

第三节　巡逻工作的控制管理

第四节　不同情况的应对

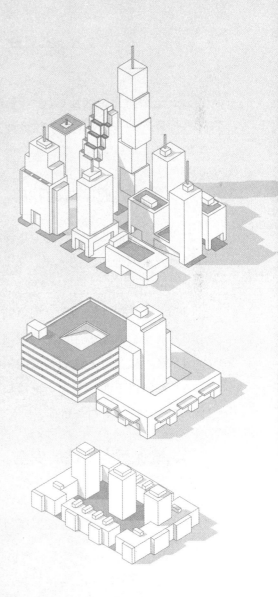

> **>>>> 培训指引**
>
> 物业巡逻管理是为了确保物业区域的安全稳定和设施设备的正常运行而实施的一系列管理措施。通过巡逻与巡查,可以及时发现并解决物业区域的安全问题,确保业主的人身和财产安全,维护公共区域的秩序。同时,也可以提高物业服务企业的服务质量,以及业主的满意度和信任度。

第一节　巡逻的目的

巡逻是指在一定物业区域内有计划地巡视检查,以确保该区域的安全。巡逻的目的有两个:一是发现并消除各种安全隐患,如门窗未关好、设施设备故障等;二是及时制止各种违法犯罪行为。

一、维护物业区域的秩序

巡逻的主要目的是维护物业区域的秩序。巡逻时应注意:

(1) 发现四处游荡的人员,要询问清楚,尤其是拉帮结派的闲杂人员,应密切关注。

(2) 对于打架斗殴或聚众闹事的人员,要及时劝阻、制止。

(3) 发现有人在小区内无理取闹,影响正常秩序,应予以劝阻。

(4) 对于私自进入物业区域的摊贩,要按规定加以清理。

(5) 夜间巡逻时,对重点区域应加强巡查。对于可疑的人或事,要查明情况,及时处理,以防发生安全事件。

二、确保重点区域的安全

执行巡逻任务的保安员,要加强重点区域的检查,以确保重点区域的安全。物业小区重点区域的巡逻要点如图 3-1 所示。

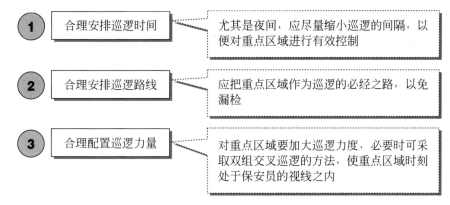

图 3-1 重点区域的巡逻要点

三、预防灾害事故发生

灾害事故分为人为灾害事故和自然灾害事故两种。

1. 人为灾害事故

人为灾害事故是指因为人们的主观过失、违反纪律或安全规定而造成的灾害事故,主要包括爆炸、火灾等。

2. 自然灾害事故

自然灾害事故是指自然条件突然变化所引起的事故,常见的有水灾、火灾等。

在巡逻过程中,保安员应对小区内一切可能引发灾害事故的隐患、漏洞和征兆等,及时采取措施,予以消除。例如:

(1)在举办大型文体娱乐活动时,保安员要做好人群的疏导工作,防止因拥挤推搡导致伤亡事故发生。

(2)加强物业区域内人员与车辆的指挥,防止交通事故发生。

(3)重点检查消防设备是否完好,安全照明是否有效,电线与电器设备有无漏电,现场施工是否违规使用明火或堆放易燃易爆品等,一经发现,立即报告,并及时消除隐患。

四、防止发生违法犯罪事件

保安员在执行巡逻任务时,对一切可疑的人或事,不能心存侥幸,应提高警惕、果断处置,以防违法犯罪事件发生,处理方法如表 3-1 所示。

表 3-1　巡逻中发现的可疑情况的处置

序号	类别	具体要求
1	形迹可疑的人	对于不明身份的人员，要进行必要的盘查；对于行为异常的人员，要提高警惕，密切监视；对嫌疑人员，要严格控制，并及时报告公安机关
2	可疑的物品	保安员在巡逻时发现不明物体或异常物品时，要确定有无危害性。对于有危害性或破坏性的物品，要及时清理；对于犯罪嫌疑人放置的作案工具，要及时报告公安部门处理
3	可疑的现象	保安员在巡逻过程中要善于发现异常情况，如门窗被开启、夜间突然断电、有异常的声响、围墙或隔离网损坏等，并查明原因、及时处理，使违法犯罪分子无机可乘

五、保护事故现场

如果物业区域发生灾害事故或犯罪案件，保安员有责任、有义务做好现场保护工作，具体要求如表 3-2 所示。

表 3-2　保护事故现场的要求

序号	类别	具体要求
1	爆炸、火灾等灾害事故现场	保安员一方面要积极抢救伤员和财产，使灾害损失降到最低；另一方面，要在抢险救灾的同时保护现场，为调查原因创造条件
2	不明原因案件、事故现场	保安员在巡逻中发现物业区域发生案件、事故，一方面应报告公安机关和有关部门；另一方面应划定现场区域并实施封闭，设置警戒，严禁无关人员进入，保护好证据
3	犯罪嫌疑人正在作案的犯罪现场	保安员应根据现场的实际情况采取措施将其抓获，防止其逃跑或毁灭证据；同时，报告公安机关

六、及时处置突发事件

突发事件是指故意制造的对物业区域及人员安全有较大危害和较大影响的突发性事件，主要包括聚众闹事、打架斗殴、哄抢物资及凶杀、纵火等。突发事件的处置要求如表 3-3 所示。

表 3-3　突发事件的处置要求

序号	处置要求	具体说明
1	要有切实可行的应急处置方案	保安员应根据巡逻中可能发生的突发事件，制定出切实可行的、有针对性的应急处置方案
2	要有快速反应的应急力量	处理突发事件应果断、迅速。因此，要确保一定的机动力量随时待命，巡逻中一旦发生突发事件，能够快速反应，制止事态蔓延
3	要有畅通的通信方式	保安员在巡逻中遇到突发事件，应尽快报警或通知其他保安员及有关部门，组织力量迅速赶赴现场
4	要有灵活的处事方式	对于闹事、斗殴等突发事件，要注意方式方法，做好正面引导工作，稳定行为人的情绪，消除过激反应 对于行凶、杀人、抢劫、绑架等犯罪活动，要果断采取措施予以制止，并送交公安机关处置

七、及时处置意外事件

意外事件是指人们不能预见和控制的事件，主要包括自然灾害和意外事故。对意外事件的处置，应注意：

（1）巡逻中发生意外事件，要将事件的基本情况、涉及范围、发展趋势等向有关部门报告，并积极参与抢救工作。

（2）保护好现场，协助事件调查。

（3）积极做好善后工作。

第二节　巡逻作业的内容和要求

日常巡查是物业服务企业最基础、最重要的工作，对确保物业区域的安全起着十分重要的作用，因此，保安员必须严格执行。

一、明确巡逻周期

每个物业服务企业都会根据所在物业区域的环境确定相应的巡逻周期，作为保安员,一定要了解本部门的规定。

下面提供一份××物业管理处住宅小区和大厦巡逻周期及要求的范本,仅供参考。

【范本 3-01】▶▶▶

住宅小区和大厦的巡逻周期及要求

巡逻区域	巡逻周期	巡逻要求
住宅小区	30分钟巡逻打卡一次	没有固定路线,但不留死角、偏角
大厦	90分钟巡逻打卡一次	从天面开始,自上而下,依次巡逻到地下室,最后到室外

二、巡逻准备

保安员在开展巡逻工作前,应做好以下准备工作。

(1)与上一班保安员做好交接班。

(2)准备好巡逻器材、装备。

(3)准备好巡逻用的检查表。

三、巡逻内容

1.巡查各岗位执勤情况

(1)交接班时,班长到各岗位巡查一遍,检查各岗位交接班是否清楚,记录是否填写完整,保安员的着装、仪容仪表等是否符合要求,发现问题立即纠正。

(2)班长定期到各岗位巡视。

(3)巡查时,发现有不认真执勤或违纪、违章等情况,要及时纠正,并做好值班记录。

(4)保安员执勤中遇到疑难问题时,班长应立即到场处理,不能解决的,报公司领导,并做好记录,如表3-4所示。

表 3-4　巡逻值班记录表

班次	序号	时间	巡视路线	巡视情况记录	日常抽查签字
早班	1				
	2				
	3				
中班	1				
	2				
	3				
晚班	1				
	2				
	3				
值班重要问题记录					
交接班签字	早班	交接人： 接班人：	中班	交接人： 接班人：	晚班	交接人： 接班人：
主管部门月检查记录			检查人签字：		日期：

注：日常抽查签字栏由各级领导检查工作后签字。

2. 巡楼

（1）每班巡楼三至四次。

（2）巡楼保安员乘电梯到天台，从上至下认真巡视一遍，发现不安全因素或问题及时处理，并报告班长，做好值班记录。

（3）巡查电梯和水箱门边暗角，发现故障及时和维修人员联系，尽快处理，并做好记录。

（4）从天台走楼梯逐层巡查至地下室。

（5）巡查每层楼时，要多看、多听、多嗅，当发现业主室内冒烟并伴有烧焦味，可疑人员在楼道徘徊，业主室内有水溢出，业主室内有打闹声、哭叫声、呼救声等情况，应立即采取行动。

（6）巡逻时要仔细检查房屋本体、公共设施和消防设施等是否完好无损，若有损坏或异常情况应填写故障通知单并报相关部门维修，情况严重的要立即报告班长或上级领导，并做好值班记录。

（7）仔细巡查地下室各机房重地，包括发电机房、水泵房、高低压配电房、消防控制中心等重点部位，发现不安全因素，迅速与相关人员联系，及时消除隐患。特别是台风暴雨期间，更要加强巡查，做好应急准备工作。

> **请牢记：**
> 保安员巡楼时应特别注意空置房的防火、防盗工作。如发现空置房内有异常情况，应及时向班长汇报。

3.巡查停车场

（1）指挥车辆慢速行驶，引导车辆停在指定车位，严禁乱停乱放。若发现行车通道、消防通道及非停车位有车辆停放，及时处理，并做好记录。

（2）巡查车况，发现车辆有未关门窗、漏水和漏油等情况，及时通知车主，并做好记录。

（3）一旦发现有形迹可疑人员、斗殴事件或醉酒者、精神病人等，按有关规定处理，做好记录并上报。停车场巡检记录表如表3-5所示。

表3-5　停车场巡检记录表

日期	班/次	检查时间	车辆停放数	机动车辆检查情况				消防设施检查情况			值班员	备注
				车牌号	外观	门窗	其他	消火栓	灭火器	其他		

注：1.每班对停车场至少全面巡查4次。
2.发现车辆有损坏、门窗未锁闭、车内有箱包等情况，应填写"停车场车辆检查处理记录表"。
3.发现消防设施有异常情况，应立即填写"故障通知单"并上报维修部门处理。
4.实行首接责任制，本班发现的问题由本班负责跟进。
5.要求统计准确，记录完整。

四、巡逻签到

保安员巡逻时应该在固定的签到箱签到。为方便检查，物业服务企业通常会安装巡逻签到箱，配置签到卡，要求各责任区的保安员在巡逻中，按规定时间打开签到箱在签到卡上签到。责任区内的签到箱，都应签到。每张签到卡，不允许同时签到。

签到时，巡逻人员要在卡上签名并注明时间，如表3-6所示。

表3-6　保安巡逻签到卡

岗位：　　　　　　　　　　　区域：

时间	签名	时间	签名	时间	签名

巡视记录（楼管员填写）：

五、巡逻记录

保安员在巡逻结束后应对巡逻情况进行记录，如表3-7、表3-8所示。

表3-7 小区巡逻记录表

单位：				年　月　日	
班次：		当班时间：	值班员：	例巡时间：	
\multicolumn{4}{c|}{检查内容}	检查情况	
1	\multicolumn{4}{l|}{是否有可疑情况或可疑人员徘徊、窥视}	
2	\multicolumn{4}{l|}{是否有机动车停在绿地、人行道、路口}	
3	\multicolumn{4}{l|}{是否有业主在室外动土施工、搭建和牵拉电线}	
4	\multicolumn{4}{l|}{是否有未按规定时间、要求装修的情况}	
5	\multicolumn{4}{l|}{是否有乱摆卖现象}	
6	\multicolumn{4}{l|}{业主有无意见、建议}	
7	\multicolumn{4}{l|}{是否有捡垃圾、乞讨等人员}	
8	\multicolumn{4}{l|}{是否有乱堆放装修垃圾和生活垃圾的情况；是否有高空抛物现象}	
9	\multicolumn{4}{l|}{是否有人践踏绿地或在绿地踢球、砍伐树木、占用绿地等}	
10	\multicolumn{4}{l|}{是否有人在绿地或树木上挂晒衣物}	
11	\multicolumn{4}{l|}{是否有漏水、漏电、漏气等现象}	
12	\multicolumn{4}{l|}{是否有污雨水井或化粪池堵塞、冒水等现象}	
13	\multicolumn{4}{l|}{楼道灯、电子门、消火栓、公共门窗等设施是否完好}	
14	\multicolumn{4}{l|}{小区道路、路灯、污雨水井盖、游乐设施、消防路桩与路墩等设施有无损坏}	
15	\multicolumn{4}{l|}{其他}	

注：1. 没有问题的在检查情况栏内打"√"，有问题的则记录下来。

2. 发现紧急情况，马上报告；对于大量渗漏、冒水、设施严重损坏等一时难以处理的问题，由班长立即报告上级。

表 3-8　空置房巡查记录表

序号	单元	房号	巡查项目									异常情况记录	处理措施及结果	保安班长签字	秩序维护主管签字
			门	锁	水	电	气	电器	地板	窗户	家具	房屋本体				

注：1. 空置房屋的巡查周期为 10 天。
2. 巡查正常，在对应栏内划"√"，异常划"×"，并记录详细情况。
3. "处理措施及结果"一栏由秩序维护班长填写。
4. 在异常情况处理完 2 日内，秩序维护班长应将本表交秩序维护主管，由其进行签字确认。

第三节　巡逻工作的控制管理

受限于物业管理区域范围及物业的类型，巡逻工作难免有失误。为了减少这种失误，物业服务企业应采取一定的措施来控制。

一、确定完善的巡逻路线和时间

为了防止保安员在巡逻时漏检，保安主管应提前制定完善的巡逻路线和时间，并要求保安员严格按照巡逻路线和时间巡逻。

1. 确定巡逻路线应考虑的因素

（1）必须将所有重点目标都包括进来。

（2）巡逻路线以最短为佳，如图 3-2 所示。

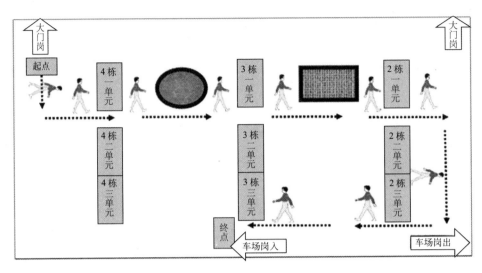

图 3-2 某物业小区的巡逻路线

（3）不能让外人知道巡逻规律。

2. 确定巡逻时间应考虑的内容

确定巡逻时间主要考虑以下三个方面内容。

（1）根据不同性质、不同类型案件发生时间、地点等方面的不同，巡逻时间也应有所区别。

（2）有些案件受季节影响，巡逻时间也应根据季节变化进行调整。

（3）根据不同案件的高发时间，确定每天巡逻的重点时间。

下面提供一份××物业管理处巡逻路线与时间的范本，仅供参考。

【范本 3-02】▶▶▶

××物业管理处巡逻路线与时间的确定

巡逻工作职责及巡逻路线由秩序维护主管制定，巡逻工作由秩序维护班长安排保安员执行，并对巡逻保安员的工作情况进行考核。路线制定原则：一是要切合实际，覆盖面广，符合小区控制和治安管理要求；二是定点不定线，确定必须途经的重点（要害）部位，如配电间、空调机房等。巡逻路线分三条，每条路线内与外、重点与非重点部位相结合。保安员应对重点部位反复巡逻，加强控制。

一、巡逻班次

巡逻工作分早、中、夜三班，夜班每组必须2人以上。

二、日常巡逻路线

（1）对小区外围的巡逻：确保停车场秩序及车辆安全，维护沿街交通秩序。

（2）对进出通道的巡逻：检查边门通道，进出大堂的人员，消防应急门安全装置、门锁等。

（3）对重点部位的巡逻：检查配电间、空调机房、锅炉房、仓库、冷库、通信机房等。

二、配置保安器材和装备

巡逻工作具有运动特性，业务空间较大，经常会遇到各种各样的情况，需要保安员及时通报、联络，以及利用相关装备进行处理。

因此，物业服务企业应按照有关规定，为执行巡逻任务的保安员配置必要的通信器材及装备，保证巡逻人员之间、巡逻人员与值班人员之间的正常通信和联系。一旦发生突发事件或意外事故，便于保安员及时报告和请求援助；同时，也可以大大提高保安员的应急处置能力。

三、科学合理地配置巡逻力量

由于巡逻工作的要求、巡逻区域范围、重点部位不同，巡逻保安员的配置和要求也存在差异。因此，保安部在执行巡逻工作时，应根据不同的情况配置巡逻力量。

（1）对于巡逻范围大、重点部位多的物业区域，可设立秩序维护部或巡逻队，布置足够的巡逻力量。

（2）对于巡逻空间小、没有重点部位或重点部位较少的物业区域，则可适当安排巡逻力量，以免造成人员上的浪费。

四、增强巡逻人员的业务能力和防范意识

巡逻工作的范围广、机动性较强，随时都可能遇到突发事件或意外事故，因此应对执行巡逻工作的保安员提出更高的要求，构建一支素质高、业务能力强的秩序维护队伍。每一名保安员都应经过专门训练，掌握巡逻的方法和技能，能较好地完成巡逻任务。

另外,保安员必须时刻保持警惕,加强防范意识,在执行巡逻任务时,要善于观察、善于分析,不放过任何异常情况和可疑迹象,发现问题,果断决策,及时处理。

五、加强与公安机关及有关部门的联系

维护物业区域的正常秩序,协助公安机关制止和打击违法犯罪活动,是保安员的一项重要任务。而且,巡逻中遇到的许多突发事件也离不开公安机关的支持,需要公安机关协助处理。因此,保安主管必须加强与公安机关及有关部门的联系,取得工作上的支持与帮助。

六、做好交接班工作

大量事实证明,许多治安事件和犯罪活动都发生在保安员交接班的时候。因此,必须加强交接班的管理,减少违法犯罪事件。

(1)交接班应在指定的地点和时间进行。

(2)当班保安员应在规定的时间到达交接班地点,并在交接班地点周围一边巡逻,一边等候接班。

(3)交班保安员在交班时,要将当班巡逻的情况详细介绍给接班保安员,并按规定交接防护器械与装备。接班保安员必须认真听取交班保安员的介绍,做到"三明";交班保安员必须在下班前认真填写值班记录,做到"三清",如图3-3所示。

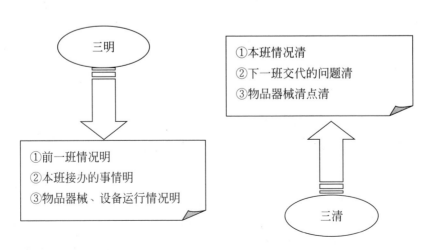

图3-3 交接班"三明""三清"

（4）接班保安员未到岗，交班保安员应报告上级，同时继续巡逻，不得擅自撤岗。

七、制定巡逻记录制度

巡逻记录是保安部对执勤情况的记录，可反映巡逻区域的具体情况，是处置各类治安问题、业主投诉的重要依据；同时也是对巡逻保安员工作业绩进行评估和考核的重要标识，可加强巡逻保安员自我监督。物业服务企业应制定完善的巡逻记录制度，要求保安员严格执行。

八、巡逻情况及时上报

保安员应及时把巡逻过程中发现的情况向上级报告，还应将一段时间的综合情况汇总上报。

保安员在巡逻中发现闹事苗头、非法游行、集会、示威活动，交通事故，重大案件等，在处理的同时，应及时向上级报告；如果情况十分紧急，可以越级上报。

九、严格执行查岗制度

为了检查保安员的巡逻工作情况，保安部应严格执行查岗制度。查岗制度的要点如图3-4所示。

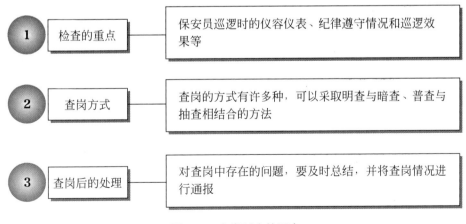

图3-4　查岗制度的要点

第四节　不同情况的应对

保安员在巡逻中会遇到各种情况,应采取不同的处理措施。对此,物业服务企业应加强保安员的培训,提升他们的应急处置能力。

一、发现推销人员

保安员在巡逻过程中发现推销人员在卖东西,应礼貌地讲明推销对业主的影响,并劝其离开物业小区。

二、发现可疑人员

保安员在巡逻过程中发现可疑人员时:
(1)礼貌地盘问。
(2)仔细观察其面部表情及神态。如果其表情惊慌、说话语无伦次或无身份证,可带其到办公室调查。
(3)及时与监控中心联系,掌握可疑人员的活动情况,了解有无财物损失。
(4)将其劝离小区,必要时可联系公安部门处理。

> **请牢记:**
> 加强巡逻检查是预防、发现和打击违法犯罪活动的一项行之有效的措施,而对可疑情况,应视情况采取不同的措施。

三、发现业主未锁门

(1)巡楼时一旦检查发现业主未锁门,应按门铃,有人开门则予以提醒。
(2)如果室内无人,要报告班长,不得私自进入业主室内检查。
(3)巡楼保安员应掌握图3-5所示的三个要点。

四、发现可疑物品

(1)仔细观察包装情况,侧耳倾听有无秒针滴答声,确定是否为爆炸物品。

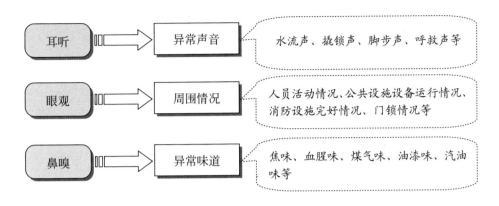

图 3-5　巡楼保安员应掌握的三个要点

（2）如确定属爆炸物品，应立即通知班长报警，由警方派专员前来处理，同时做好警戒，疏散周围所有人员。

（3）如不是爆炸物品，可小心地拿到小区外围空阔地带处理。

（4）查找并控制置放该物品的嫌疑人员，交公安机关处理。

五、发现车辆违规停放

巡逻保安员要随时注意小区的车辆停放情况，及时发现违规停放行为并制止。

（1）纠正违章时，要态度和蔼，说话和气，以理服人。

（2）对不听劝阻者，要查清其姓名、住址、联系方式，如实记录并向管理处汇报。

（3）在车主不在的情况下，通知监控中心，用对讲、电话通知车主或其家属，及时将车停于规定位置。

（4）在用对讲、电话联系无效的情况下，巡逻保安员或保安班长应上门做工作，督促车主及时纠正。

（5）车主将车停放在消防通道或强行占道且不听劝告造成安全隐患或交通阻塞的，应通知交警部门依法处理。

（6）若车主醉酒或患病将车乱停乱放，应报告班长，立即采取措施，避免交通事故发生。

（7）对于不听劝告、蛮横无理、打骂保安员的车主，应报告公司领导，由公司领导同车主协商，妥善处理。若情节严重，应报告公安机关依法处理。

学习笔记

通过学习本章内容,想必您已经有了不少学习心得,请详细记录下来,以便后续巩固学习。如果您在学习中遇到了一些难点,也请如实记下来,以便今后进一步学习,彻底解决这些问题。

我的学习心得:

1. _____
2. _____
3. _____
4. _____
5. _____

我的学习难点:

1. _____
2. _____
3. _____
4. _____
5. _____

第四章
Chapter four
物业监控与安防管理

第一节　监控中心的高效运行

第二节　监控设备的定期维护与保养

第三节　监控岗位的专业化水平

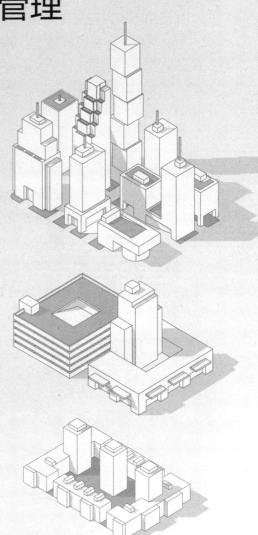

> **>>>>> 培训指引**
>
> 物业监控与安防管理在物业管理中占据着至关重要的地位,是物业安全保障体系的核心。物业服务企业应注重监控中心的高效运行、监控设备的定期维护与保养以及监控岗位的专业化水平等多个方面,筑牢物业区域的安全防线。

第一节 监控中心的高效运行

监控中心作为物业安防系统的核心,其高效运行对于确保物业安全至关重要,包括实行24小时值班制度,确保监控设备全天候运行;对监控设备进行实时监测,确保设备正常运行;对监控记录定期备份,以防数据丢失;建立应急响应机制,快速处理突发事件;与其他部门保持密切沟通与协作,确保通信畅通。

一、监控中心设置

(1)独立设置的监控中心,耐火等级不应低于二级;建筑物内的监控中心,应设置在首层或地下一层,与其他部位采用耐火极限不低于2小时的隔墙和不低于1.5小时的楼板隔开,隔墙上的门应为乙级防火门,并设置直通室外的安全出口。

(2)监控中心的入口处应设置明显标识。

(3)监控中心需选用防静电地板铺设。

(4)设备控制区域与人行通道需用斑马线警示隔离。

(5)机房门上标识清楚、责任人员照片上墙,如图4-1所示。

图4-1 机房门上标识清楚

二、监控中心值班台

（1）操作台面干净、整洁，电话、对讲机等摆放在规定位置且标识明显（见图4-2和图4-3），以便于操作。

图4-2　值班台上电脑摆放

图4-3　值班台上各物品摆放

（2）监控操作控制台上不允许放置与工作无关的物品（如茶杯、书报、香烟、打火机等）。

（3）监控中心只允许放置与监控人员数量相同的工作椅，并摆放整齐。

三、监控系统

（1）显示屏显示正常，设备管理卡参数齐全（见图4-4）。

图4-4　监控系统的设备管理卡参数齐全

（2）摄像头无遮挡，监控画面清晰（见图4-5），无干扰、无黑屏、无失真现象，画面有中文地址，监控中心安装有反监控设备。

图4-5 监控画面清晰

（3）显示屏外观干净，无灰尘、无污渍。

（4）显示屏下方有标识牌，标注显示器编号、显示范围和对应的录像机。

四、制度上墙

上墙制度及图表包括：

（1）监控中心管理制度及应急程序。

（2）火灾处置程序。

（3）重要电话号码，包括公安、供水、供电、供气、医疗救护等机构的服务电话号码，本单位主要负责任人和部门负责人的电话号码等。

（4）监控中心值班人员岗位职责。

上墙制度及图表如图4-6至图4-10所示。

图4-6 消控资格证书、安全制度

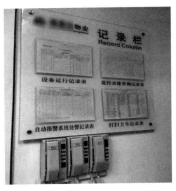

图 4-7 监控中心各项记录

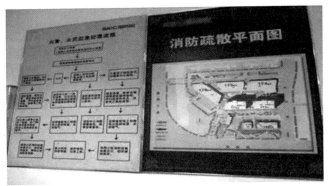

图 4-8 火灾处理流程、消防疏散平面图

图 4-9 紧急救助电话

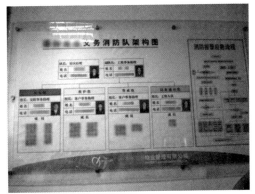

图 4-10 物业小区义务消防队架构图

监控中心应配备下列档案资料。

（1）建设图纸，包括建筑总平面图、各层建筑平面图、建筑消防设施平面图、消防设施系统图等。

（2）火灾自动报警系统编码地址对象表。

（3）灭火和应急疏散预案。

（4）建筑消防设施登记表。

（5）消防控制室和建筑消防设施管理制度。

（6）值班人员名单及岗位资格证书复印件。

（7）火灾自动报警系统等消防设施的使用说明书。

五、应急工具和用具

（1）强光手电（人手1个）。

(2)火灾自动报警系统话机（不少于 2 部）、对讲机（人手 1 部）。

(3)消防水泵房、变配电房、排烟风机房、电梯机房、管道井等有关部门的钥匙。

(4)建筑灭火器（4kg ABC 干粉灭火器不少于 4 个）。

(5)消防扳手、消防斧、手动报警按钮复位工具。

(6)一次性防烟防毒面罩等个人防护用具。

监控中心清扫工具、消防物资摆放如图 4-11 所示。

图 4-11　监控中心清扫工具、消防物资摆放

六、监控设备

（1）监控设备摆放整齐有序，机柜正面左上角粘贴设备标识牌，机柜背面粘贴设备卡。

（2）录像设备运行正常，能正常存储和回放录像，存储时长为 1 个月以上。

（3）设备柜内布线规范、不凌乱；监控视频线有对应的名称标识牌，标识牌清晰、准确。

（4）柜内整洁、无灰尘。

监控设备摆放如图 4-12 所示。

七、监控中心钥匙

（1）有相应的钥匙管理规定。

（2）钥匙柜上锁，设专人管理，借用钥匙需登记。

（3）柜内钥匙摆放整齐有序，方便取用。

（4）柜内挂钥匙处及钥匙上有相应的标签，且字体清晰，如图 4-13 所示。

图 4-12　监控设备摆放

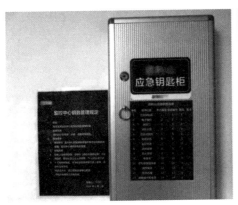

图 4-13　监控中心钥匙摆放

第二节　监控设备的定期维护与保养

监控设备的正常运行是物业安防系统的基础。为确保设备稳定,需要定期对设备进行维护与保养,包括对设备进行全面检查,清除设备表面灰尘和污垢,紧固连接件以及及时更换易损件。同时,还需定期检查软件系统,及时升级更新,以保持设备的先进性和稳定性。对于发现的设备故障或异常情况,应及时上报维修部处理。

一、监控设备维护和保养措施

物业监控设备的维护和保养是确保监控系统正常运行、提供稳定监控服务的重要环节。维护和保养工作应由专业人员进行,并遵循相应的操作规程和安全标准。物业监控设备维护和保养的一些措施,如图4-14所示。

措施一　定期清洁与除尘

每季度至少进行一次设备除尘和清洁工作。彻底清除监控设备的尘土,特别是摄像机、防护罩等部件,应卸下彻底除尘。用无水酒精棉将各个镜头擦干净,调整清晰度,防止机器因运转、静电等将尘土吸入监控设备机体内

措施二　检查运行环境

监控机房的通风、散热、供电等设施应定期检查,确保机房内的温度与湿度在适宜的范围内,为监控设备提供良好的运行环境。一般来说,室内温度应控制在 5～35℃,相对湿度应控制在 10%～80%

措施三　技术参数与线路检查

根据设备的使用说明,每月检测设备各项技术参数及监控系统传输线路,及时处理故障与隐患,确保设备各项功能良好,运行正常

措施四　老化部件的检查与更换

对容易老化的监控设备部件,如视频头等,应每月进行一次全面检查。一旦发现老化现象,应及时更换、维修,确保系统稳定运行

措施五　存储介质的管理

定期检查存储介质的使用状态,确保数据的安全性和完整性,并根据实际需要,定期对存储设备进行清理和调整

| 措施六 | 系统升级与安全性检查 |

每半年对监控设备进行系统升级和安全性检查,确保系统的稳定性和安全性。同时,定期对摄像头进行清洁和调整,以获得更清晰的画面效果

| 措施七 | 性能测试与优化 |

每年对监控设备进行全面的性能测试和优化,确保设备运行状况最佳,包括对各项功能进行测试、调整以及必要的优化

图 4-14　物业监控设备维护和保养的一些措施

二、监控设备维护和保养计划

物业服务企业应制订物业监控设备维护和保养计划,并监督各部门严格执行,以确保监控设备处于正常运行状态,发挥真正的安全保障作用。物业监控设备维护和保养计划的内容包括:

1. 年度计划与目标

(1) 确保监控系统全年无故障,并提供清晰、稳定的监控画面。

(2) 提高监控设备的运行效率和使用寿命,降低故障率。

(3) 定期更新和维护监控系统软件,确保系统安全、稳定。

2. 季度维护与保养

(1) 彻底清洁监控设备,包括摄像机、防护罩等部件,去除上面灰尘和污垢。

(2) 检查监控机房的通风、散热、供电等设施,确保设备运行环境良好。

(3) 对监控系统的传输线路进行全面检查,确保信号传输稳定、无干扰。

3. 月度检查与调整

(1) 检测监控设备的各项技术参数,确保设备性能稳定。

(2) 检查监控画面的清晰度,调整摄像头角度和焦距,以获得最佳监控效果。

(3) 对易老化的监控设备部件进行检查,如视频头等,及时更换损坏或老化的部件。

4. 每周巡检与记录

（1）对监控设备进行巡检，确认设备的运行状态和连接线路是否完好。

（2）记录巡检过程中发现的问题和异常情况，及时处理和报告。

（3）清理监控设备周围的杂物和障碍物，确保设备无遮挡。

5. 日常管理与培训

（1）建立监控设备维护和保养档案，记录设备的维护历史和使用情况。

（2）定期对物业员工进行培训，提高员工的设备维护技能和安全意识。

（3）设立监控设备维护和保养负责人，明确职责和要求，确保设备维护和保养计划顺利实施。

6. 应急响应与备份

（1）制定应急预案，对突发事件快速响应和处理，确保监控系统连续运行。

（2）建立备份机制，保存监控系统的关键数据和配置文件，以防系统崩溃。

7. 持续改进与升级

（1）定期对监控系统进行评估和改进，提高系统的稳定性和安全性。

（2）关注新技术和新产品的发展，适时对监控系统进行升级和改造，提高监控效果和管理效率。

通过执行设备维护和保养计划，可以确保监控设备始终处于最佳状态，为物业小区提供安全、可靠的监控服务。同时，也将提高物业管理的效率和质量，提升业主的满意度和信任度。

第三节　监控岗位的专业化水平

监控岗位是物业安防系统的关键岗位之一，监控人员的专业化水平直接影响监控工作的质量和效率。为提高监控岗位的业务能力，需要明确岗位职责和工作纪律，对人员进行专业培训，包括系统操作、应急处置和安全教育等方面。同时，还要加强团队建设与协作，提高人员之间的协作能力和默契度。

一、监控服务的任务

物业监控服务的核心任务是进行实时监控,包括对物业区域的摄像头、门禁系统等进行全天候监控,及时发现安全隐患或异常情况。无论是火灾、入侵还是其他事故,监控人员都需要迅速反应,启动应急预案,并通知相关人员协助处理。

记录和报告也是物业监控服务的重要任务。监控人员需要对监控情况、巡查情况以及处理过程进行详细的记录和报告,以便于上级领导了解工作进展和相关问题。这些记录还可以作为纠纷和事件处理的依据。

在发生安全事故或犯罪事件时,物业服务企业还应配合警察或相关部门进行调查。监控人员需要提供监控录像等证据,协助调查人员还原事件真相,找出责任人,并采取相应的处理措施。

二、监控服务的要求

1. 人员配备与技能提升

监控室是物业监控的核心区域,负责实时监控物业区域的状态,发现异常情况,及时报告。所以:

(1)监控中心应配备足够数量的专业监控人员,确保 24 小时不间断监控。

(2)监控人员必须经过专业培训,熟练掌握监控设备的使用和维护技能,并熟悉各类突发事件的应急处理流程。

(3)定期对监控人员进行业务考核和技能提升培训,确保他们具备应对各种复杂情况的能力。

2.24 小时值班制度

物业监控室应执行 24 小时值班制度,确保监控设备正常运行和连续监控。值班人员需按照规定轮班工作,认真观察监控画面,及时发现异常情况,并按照应急预案进行处理。

值班人员应遵守工作纪律,不得擅离职守或从事与工作无关的事情,严格执行交接班制度,确保工作的连续性。

3. 规范监控人员的工作职责

(1)监控人员上岗前必须经过专业培训,熟悉设施设备的工作原理、性能及分布情况。

（2）未经保安部授权或同意，不可擅自修改、替换、设置各监控系统的原有数据和程序，不可向外泄露相关信息，不得擅自关闭监控设备。

（3）监控人员应集中精力，全神贯注，迅速判断，果断操作，不得擅自离岗或做与工作无关的事。

（4）闭路电视 24 小时工作，无关人员不得随意进入监控室查看。

（5）监控人员必须密切注意监视屏幕，一旦发现可疑情况，立即通知巡逻保安员赶赴现场进行处理，必要时可通知有关领导。

（6）非值班人员查看录像资料，必须经有关领导批准。一些重要情况的录像资料，应单独保留，以备查看。

（7）如监控设备出现故障，应立即通知客服中心安排维保人员处理，并做好记录。

（8）当班人员应保持室内干净整洁、设施设备无尘、物品摆放整齐、温湿度符合要求，进入室内需换拖鞋，不准带与工作无关的物品。

（9）当班人员应填写当日值班记录，包括交接班、设备运行、故障及维修情况等内容。

（10）监控中心的监控录像应保存 7 天以上，以备检查。

> **请牢记：**
> 监控中心应禁止下列行为。
> （1）吸烟。
> （2）把监控电脑、备用电源、录像机、电话机挪作他用。
> （3）存放易燃易爆物品。
> （4）操作台上摆放与工作无关的物品。

4. 严格管理监控数据

物业服务企业应建立严格的数据管理制度，对监控数据进行实时保存，并定期备份，以防数据丢失。监控数据的保存、调取和使用应有明确的权限和流程，以确保数据的完整性和安全性。未经授权，任何人不得擅自调取或删除监控数据。

同时，建立监控数据分析机制，定期对监控数据进行统计和分析，为物业安全管理提供决策支持。

监控录像是对一定时间、空间内所发生具体情况的真实记录，对于事后分析和调查，都具有十分重要的参考作用，被司法机关列入证据范畴。因此，监控录像带的保管与使用应执行以下规定。

（1）每盒录像带录制完后，保安员应填写监控录像带保管记录表（见表4-1），并附上起始时间、地点、部位等标识进行保管，保管期限一般为15天。保管期满后，经保安部领导确认，可将录像带重复使用。

（2）保安部应配备一盒保存重要情况的专用录像带。所谓重要情况录像，是指现场录制的已经发生或可能发生的治安事件、刑事案件，以及可疑的人或事，对事后原因、过程、结果分析与追责能够提供较大帮助。

（3）对重要情况的录像带，应保留至事情处理完毕，报请部门领导同意后，可将原带转入重复使用程序。

（4）重要情况专用录像带应编好目录，由专人妥善保管，以防丢失损坏。

（5）重要情况专用录像带列入长期保存范围，保存时间不得少于一年。

表4-1 监控录像带保管记录表

带号	值班员				保安主管						
	地点	起止时间	有无重要情况	重要情况时段	签名	是否浏览	重要情况是否确认	是否保留	签名	重要情况处理完成时间	是否复制	可否转入重复使用程序	签名

三、报警的处理

1. 户内报警

（1）当主机发出报警信号时，监控值班员应立即查看报警位置，确认报警类型。

（2）用对讲机向辖区保安员发出指令。如对讲机受到干扰，应迅速改用电话联系。

（3）保安员接警后立即赶赴报警区域进行处理，并把情况反馈到监控中心。监控值班员和保安员事后应做好相关记录。

2. 周边报警

（1）当主机发出报警信号时，监控值班员应仔细查看报警区域图像。

（2）如属行人误入防区，可及时复位；如发现形迹可疑人员翻墙进入辖区，应立即用对讲机通知保安员，讲清具体的位置、嫌疑人的体貌特征，由保安员前往制止或抓捕。

（3）若同一区域多次出现误报警，保安队长、监控值班员应及时向保安部汇报，并将信息反馈到维修中心。

（4）监控值班员如发现周边报警系统在24小时内无报警现象，应立即通知辖区保安员进行测试。

（5）监控值班员应详细记录警情处置过程。

3. 监控报警

（1）监控值班员通过监视屏发现出入口、车库（停车场）、大堂、电梯、楼层等有异常情况或可疑人员，应立即用对讲机通知保安员前去处理。

（2）通过监视屏进行跟踪，及时给保安员提供准确的信息。

（3）做好相关记录。

4. 火灾报警

（1）当主机发出火警信号时，应立即用对讲机通知保安员前往检查。如属误报，应及时复位；如经常发生误报，应及时向保安部报告，并把信息反馈到维修中心。

（2）如确认是火警：

——立即向有关领导报告。

——根据现场最高负责人的指令，启动消防水泵、排烟阀、送风阀，关闭分区防火门，启动消防广播。

——通过监视屏对火警现场进行监控，为消防员的扑救和疏散工作提供准确信息，并观察是否有异常情况和可疑人员。

——检查电梯内是否有人。

——坚守岗位，服从指挥。

（3）对火警的处置过程进行记录。

四、监控服务常见问题处理

1. 常见问题

监控服务中经常会遇到图 4-15 所示的问题。

 设备故障频发 → 由于老化、维护不当或操作错误,监控设备可能频繁出现故障,影响监控效果

 监控盲区多 → 物业区域可能存在一些监控盲区,导致一些安全隐患无法被及时发现和处理

 数据处理能力不足 → 随着监控数据的不断增加,存储和处理这些数据的能力会变得不足,影响监控效率

 人员配备和培训不足 → 监控岗人员数量不足或培训不到位,可能导致监控工作出现疏漏或应对突发事件的能力不足

图 4-15　监控服务中的常见问题

2. 解决方案

针对以上问题,物业服务企业应采取图 4-16 所示的措施。

 加强设备维护和更新 → 制订详细的设备维护和保养计划,定期对设备进行检查。对于老化严重的设备,及时进行更换或维修。同时,加强操作人员的培训,避免因操作失误导致设备故障

 优化监控布局 → 对物业区域的监控点位进行全面梳理,找出盲区,并制定补点方案。通过增加摄像头、调整摄像头角度等方式,消除监控盲区,确保物业区域全覆盖

图 4-16

提升数据处理能力	☞	采用先进的存储和数据处理技术,提高监控设备的存储效率和处理能力。同时,建立数据备份和恢复机制,确保数据的安全性和可靠性
加强人员配备和培训	☞	根据物业区域的实际情况,合理确定监控人员数量。同时,制订详细的培训计划,定期对监控人员进行技能和安全培训,提高他们的业务水平和应急处置能力

图 4-16　常见问题的解决措施

此外,物业服务企业还可以通过引入智能化技术、建立应急响应机制等方式,进一步提升物业监控服务水平。同时,加强与业主的沟通和协作,共同维护物业区域的安全和秩序。

学习笔记

通过学习本章内容,想必您已经有了不少学习心得,请详细记录下来,以便后续巩固学习。如果您在学习中遇到了一些难点,也请如实记下来,以便今后进一步学习,彻底解决这些问题。

我的学习心得:

1. _____
2. _____
3. _____
4. _____
5. _____

我的学习难点:

1. _____
2. _____
3. _____
4. _____
5. _____

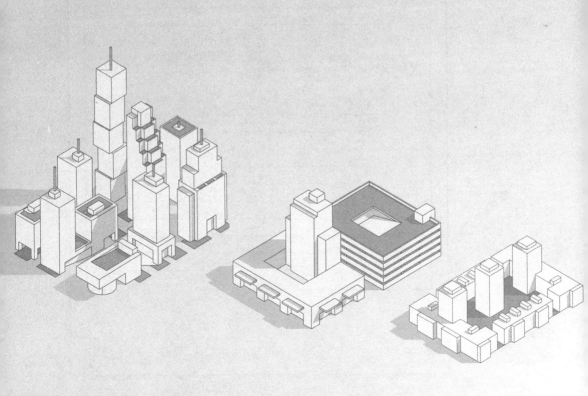

第五章
Chapter five
物业停车场管理

第一节 智能车辆管理系统的建立

第二节 停车场的安全管理

第三节 突发事件与异常情况的处理

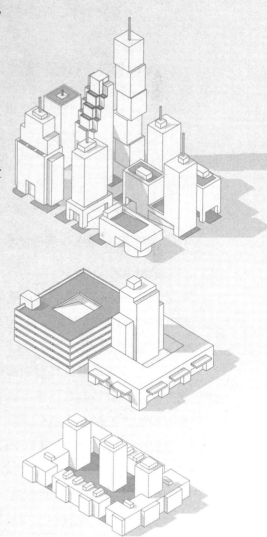

> **培训指引**
>
> 物业停车场管理是现代物业服务的重要组成部分,直接影响业主的居住体验。随着科技的进步,物业服务企业可建立智能车辆管理系统,提升停车场管理的水平。同时,为确保停车场的安全,物业服务企业还应制定一系列安全管理策略及应急处理方案。

第一节　智能车辆管理系统的建立

一、智慧停车场管理系统

智慧停车场管理系统是一个以非接触式智能 IC 卡作为车辆出入停车场的凭证、以车辆图像对比管理为核心的多媒体综合车辆收费管理系统,可对停车场入口及出口的车辆自动控制,并按照预先设定的标准自动收费。该系统将先进的 IC 卡识别技术和高速的视频图像存储比较技术相结合,通过计算机的图像处理和自动识别功能,对停车场车辆的收费、安保等进行全方位管理。

1. 智慧停车场管理系统的功能

(1) 数据处理功能

智慧停车场系统具有强大的数据处理功能,可以对停车场管理的参数进行设置、对 IC 卡进行挂失和恢复,还可以进行分类查询和报表统计分析。

(2) 图像对比功能

智慧停车场管理系统具有图像对比功能,可以将入场车辆的外形和车牌号摄录下来并保存到服务器数据库中,当车辆出场读卡时,屏幕上自动显示车辆在出口处和入口处的图像,操作人员将出场车辆与服务器中记录的 IC 卡号和图像进行对比,确定相符后,启动道闸给予放行。

车辆入场时,司机将 IC 卡放在入口控制机的读卡区域读卡,如果读卡有效,道闸的闸杆自动抬起,允许车辆进入。

当车辆出场时,司机在出口控制机的读卡区域读卡,如果读卡有效,出口处的道闸闸杆自动抬起放行车辆。如果停车超时或 IC 卡无效，出口处自动道闸始终处于禁行状态。

智慧停车场管理系统的架构如图 5-1 所示。

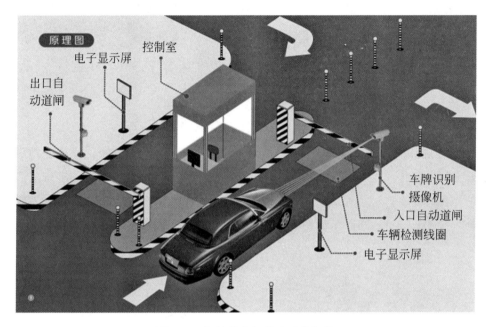

图 5-1　智慧停车场管理系统架构

2. 智慧停车场管理系统的组成

智慧停车场管理系统由道闸、地感线圈（车辆检测器）、入口控制机、出口控制机、图像对比系统、车牌自动识别系统、远距离读卡系统、数据库系统、收费系统、岗亭设备、管理软件等组成。

（1）道闸

① 道闸的组成。道闸主要由主机、闸杆、夹头、叉杆等组成，主机又由机箱、机箱盖、电机、减速器、带轮、齿轮、连杆、摇杆、主轴、平衡弹簧、光电开关、控制盒以及压力电波装置（配置选择）等组成。

② 道闸的控制方式。道闸的控制方式分为手动和自动两种。手动控制是栏杆的上升和下降由手控按钮或遥控器来控制；自动控制是栏杆的上升由手控 / 遥控 / 控制机控制，下降由感应器检测后自动落杆。

③ 道闸的分类。道闸可分为直杆型、折叠杆型、栅栏型三种，如图 5-2 所示。

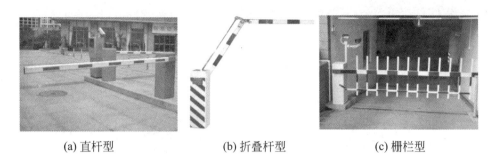

(a) 直杆型　　　　　　(b) 折叠杆型　　　　　　(c) 栅栏型

图 5-2　道闸的分类

（2）地感线圈（车辆检测器）

① 地感线圈的工作原理。当有车压在地感线圈上时，车身的铁物质使地感线圈磁场发生变化，地感模块就会输出一个 TTL 信号（电平信号）。进口与出口各装两个地感模块，一般来讲，第一个地感模块具有车辆检测功能，第二个地感模块具有防砸车功能，确保车辆完全离开前门闸不会关闭，如图 5-3 所示。

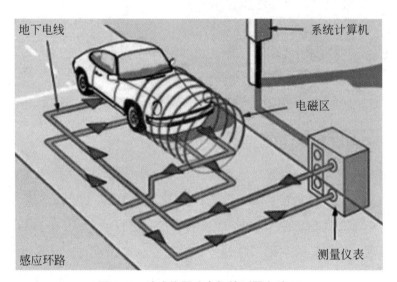

图 5-3　地感线圈（车辆检测器）演示

② 地感线圈的功能。

——当车辆在地感线圈上时，所有信号无效，即栏杆机不会落杆。

——当车辆通过地感线圈后，发出一个信号，栏杆机自动落杆。

——栏杆下落过程中有车辆压到线圈时，栏杆机马上反向运转升杆。

——与手动、遥控或电脑配合可保障车队通过。

（3）出口、入口控制机

出口、入口控制机用于停车场出入口的控制，具有进出车辆信息显示、语音提示等基本功能，是整个停车场硬件设备的核心，上对收费控制电脑，下对各功能模块及设备。

① 入口控制机。入口控制机一般由控制主板（单片机）、感应器、出卡机构、IC（ID）卡读卡器、LED显示器、出卡按钮、通话按钮、喇叭、专用电源等部件组成。

入口控制机的工作原理如下。

当车辆驶入感应线圈，单片机检测到感应信号，驱动语音芯片发出操作提示语音，同时给LED发出信号，显示文字提示信息。司机按操作提示按"取卡"键后，单片机接受取卡信号并发出控制指令给出卡机构，同时对读卡系统发出控制信号。出卡机构接到出卡信号，驱动电机转动，出一张卡后便自动停止。读卡系统接到单片机的控制信号开始寻卡，检测到卡即读出卡内信息，同时将信息传给单片机，单片机自动判断卡的有效性，并将卡的信息上传给电脑。单片机在收到电脑的开闸信号后，便给道闸发出开闸信号。

② 出口控制机。出口控制机一般由控制主板（单片机）、感应器、收卡机构、IC（ID）卡读卡器、LED显示器、通话按钮、喇叭、专用电源等部件组成。

出口控制机的工作原理如下。

当车辆驶入感应线圈，单片机检测到感应信号，驱动语音芯片发出操作提示语音，同时给LED发出信号，显示文字提示信息。司机持月卡在读卡区域刷卡，单片机自动判断该卡的有效性，并将信息传给电脑，等待电脑的开闸命令。单片机在收到电脑的开闸信号后即给道闸发出信号开闸。如果司机持的是临时卡，将卡插入收卡口后，收卡机将卡吞进收卡机构中，并向电脑传送卡号，等待电脑发出开闸信号，在开闸后收卡。

（4）图像对比系统

图像抓拍设备包括抓拍摄像机、图像捕捉卡及软件。摄像机将入口及出口的影像视频实时传送到管理计算机，入口系统检测到有正常车辆进入时，软件系统抓拍图像，并与相应的进出场数据打包，供系统调用。出口系统不仅能抓拍图像，而且会自动寻找并调出对应的入场图像，自动并排显示出来。抓拍到的图像可以长期保存在管理计算机的数据库内，以方便将来查证。图像对比组件的主要作用如图5-4所示。

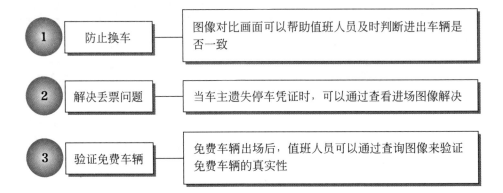

图 5-4　图像对比组件的主要作用

（5）车牌自动识别系统

车牌自动识别系统是建立在图像对比系统的基础上，利用图像对比组件抓拍车辆的高清晰图像，自动提取图像中的车牌号码进行比较，并以文本的形式与进出场数据打包保存。车牌自动识别系统的主要作用如图 5-5 所示。

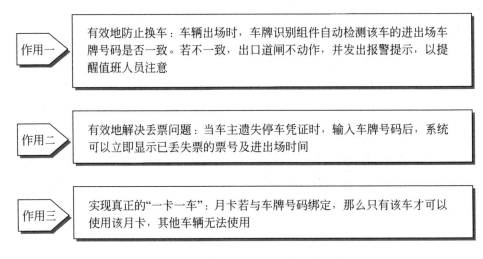

图 5-5　车牌自动识别系统的主要作用

（6）远距离读卡系统

远距离读卡器利用微波传输和红外定位技术，可实现车辆和路边设备的数据传输和交换，以满足不停车识别的需要。

远距离读卡系统主要针对月卡车辆，车主无须停车取卡/刷卡，不用摇窗，不用伸出手，即可自动感应读卡开闸。

(7)数据库系统

数据库系统的功能包括车牌识别结果及车辆图像的存储、车辆进出时间的记录、停车时间及收费金额的计算等。

数据库系统包括停车车辆数据库和驶离车辆数据库。停车车辆数据库包含车牌号码、进入时间、车辆图像等信息。驶离车辆数据库包含车牌号码、进入时间、离开时间、停车费用、车辆图像等信息。当车辆离开停车场时,该车辆相关信息将从停车车辆数据库中删除,与车辆离开时间、停车费用、收费方式等信息一起写入驶离车辆数据库。

(8)收费系统

当车辆离开时,经车牌自动识别系统检测及识别,收费系统可对数据库中该车辆的相关记录进行查询,并计算相应的停车时间及停车费用。然后根据车主选定的收费方式进行自动收费、人工收费或半自动收费等。

收费系统可提供三种不同模式的收费服务,即手机支付的自动收费模式、一卡通支付的刷卡收费模式以及现金支付的人工收费模式,在设置不同收费模式的专用收费口,实现自动收费与人工收费相结合的高效且人性化的停车收费服务。

二、无人值守停车系统

无人值守停车系统是以车牌识别技术为基础、以移动支付为收费方式的无卡收费、无人值守停车场智能化管理系统,其目的在于降低人工成本,提高车辆进出效率,提高物业管理水平,如图5-6所示。

图5-6 无人值守停车场

1. 无人值守停车系统的车辆管控

车辆入场停车后,车位检测器通过可视化的视频识别技术,将车牌号、停车时间等信息上传到平台;然后,由平台下发指令,对车位状态和引导屏信息进行实时更新。

(1) 固定车辆入场

车牌识别仪自动识别车牌,如果车牌有效,道闸的闸杆自动抬起,允许车辆进入。车辆通过后,闸杆自动落下,封闭入口车道。

(2) 固定车辆出场

车牌识别仪自动识别车牌,如果车牌有效,出口处的道闸闸杆自动抬起,放行车辆;车辆通过后,闸杆自动落下,封闭出口车道。如果车牌无效,出口道闸则处于禁行状态。

(3) 临时停车

车牌识别仪自动识别车牌,完成车牌入场登记、摄像和放行。车辆出场时,进行人工缴费或自助缴费,车牌识别仪自动识别车牌,判断缴费正常后,开闸放行。

2. 无人值守停车系统的收费模式

无人值守停车系统支持多种支付模式,包括微信支付、支付宝支付、储值支付、自助终端支付等,可实现停车场无现金收费。

(1) 扫码支付

在停车场内显眼处粘贴固定的付款二维码,车主开车出场前可使用微信、支付宝等 APP 扫描付款二维码,并在弹出的页面中输入车牌号,查询、缴纳停车费,如图 5-7 所示。

图 5-7　扫码支付停车费

此外，车辆出场时，车场票箱的 LED 屏幕上也会生成一个付款二维码，车主通过微信、支付宝等 APP 扫码，无须输入车牌号，就可以查询缴费。缴费成功后道闸自动抬杠放行。

（2）在线缴费

车主可下载安装相应的 APP，绑定车牌号之后即可查缴停车费。

车主关注微信公众号，并在公众号中绑定车牌号码，同样可以查缴停车费。

（3）自助缴费

停车场内放置自助缴费机，车主可以通过自助缴费机查询停车费，并通过微信、支付宝扫描缴费机生成的二维码或刷银行卡等方式完成缴费，如图 5-8 所示。

图 5-8　自助缴费机

三、车位引导系统

车位引导系统是现代智能停车场管理的一项重要技术，它通过车位安装的探测器来获得车位信息，然后通过云平台将车位信息传给车主，从而引导车主泊车。

1. 车位引导系统的功能

车位引导系统是智能化的停车场管理系统，具有图 5-9 所示的功能。

图 5-9　车位引导系统的功能

2. 车位引导系统的类型

目前，车位引导系统按探测器的不同，可分为超声波车位引导系统和视频车位引导系统。

（1）超声波车位引导系统

超声波车位引导系统是通过安装在车位上方的超声波探测器，实时采集各个车位停车情况，让车位指示灯显示红／绿色；同时，节点控制器对超声波探测器的状态进行收集并反馈给总控制器；总控制器对整个停车场的车位信息进行分析处理后，将空车位数据发送给各 LED 显示屏，以便指引司机将车辆驶入空车位，如图 5-10 所示。

（2）视频车位引导系统

视频车位引导系统是一套基于视频识别技术的智能车位引导系统，它通过在停车位上前方安装的车牌识别摄像机，对一个或多个车位的视频信息进行实时处理，检测车位状态及车辆车牌号码，并将车位占用情况直接传输给车位引导屏，向司机发布空余车位信息；同时，将车牌号码及车位图像传输到数据服务器进行储存，用于反向寻车，如图 5-11 所示。

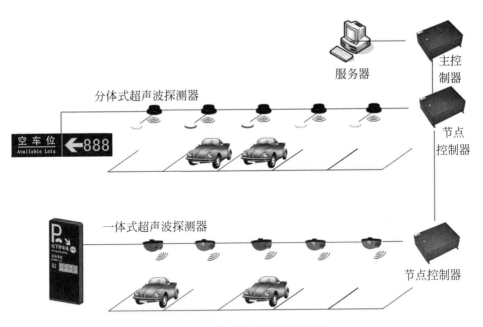

图 5-10　超声波车位引导系统

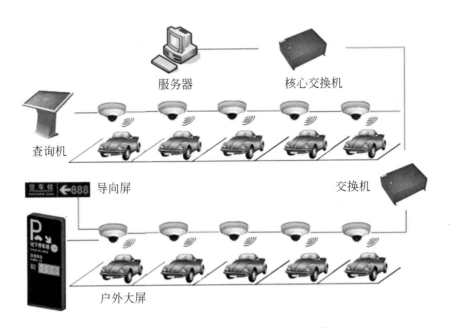

图 5-11　视频车位引导和反向寻车系统

比如,××视频车位引导系统由引导部分和反向找车部分组成,引导流程如图 5-12 所示。

车主驾车进入停车场前,可通过停车场总入口处的"入口信息引导屏",了解停车场各层空车位数

车辆进入停车场后,各个分岔路口上方的"信息指示屏"显示该分岔路口各个方向当前空车位数

每个车位正上方的"车位监控相机"指示灯为绿色时,表示该车位为空车位。指示灯为红色时,表示车位已有车辆停放

车辆停放后,户外及室内的"信息指示屏"会自动将当前的空车位数减掉 1,即完成本次车位引导

图 5-12　××视频车位引导系统的引导流程

第二节　停车场的安全管理

为确保停车场的安全，物业服务企业应制定一系列安全管理策略，包括规范车辆进出管理，加强巡逻和监控，定期对停车场设施进行检查和维护，以及加强安全宣传教育等。

一、规范停车

规范停车涵盖了多个方面，如图 5-13 所示。

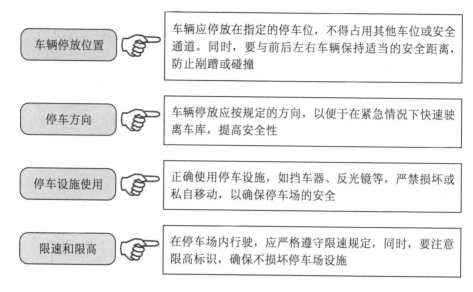

图 5-13 规范停车的内容

除此之外，车主不得在地下停车场内吸烟、乱扔垃圾等，以维护停车场的卫生和秩序，提高停车场的使用效率和安全性。

二、出入管理

停车场出入管理是车辆安全、有序通行的重要保证。以下是一些常见的停车场出入管理措施。

1. 车辆识别与授权

（1）采用车辆识别系统，如车牌识别、RFID 标签等，对进出车辆进行自动识别和记录。

（2）对车辆进行授权，只有经过授权的车辆才能进入停车场。

2. 刷卡与取卡制度

（1）车辆驶入停车场时，车主需要在入口处的读卡机刷卡或取卡。对于长期停放的车辆，可以办理月卡；对于临时停放的车辆，可办理临时卡。

（2）岗亭车管员在车主取卡时，会检查车辆外观有无损坏。如有损坏，应及时通知车主并记录。

3. 登记与查验

（1）对进出车辆进行详细的登记，包括车牌号、进场时间、出场时间等，如表 5-1 所示。

（2）对临时进出车辆，查验临时停车卡和相关证件，以确保其合法性。

4. 道闸管理

（1）道闸是控制车辆进出的关键设备，应确保其安全稳定运行。

（2）当车辆刷卡或取卡后，道闸自动升起或降下，控制车辆进出。

表 5-1　停车场车辆出入登记表

进场		车牌号码	车型	颜色	车辆状况			驾驶员	值班员	离场		驾驶员	值班员	备注
日期	时间				玻璃	车身	轮胎			日期	时间			

三、监控与巡查

应加强停车场的监控与巡查，及时发现和处理停车场的异常问题，确保停车场的安全与秩序，提升服务质量。

1. 监控管理

监控管理的措施如图 5-14 所示。

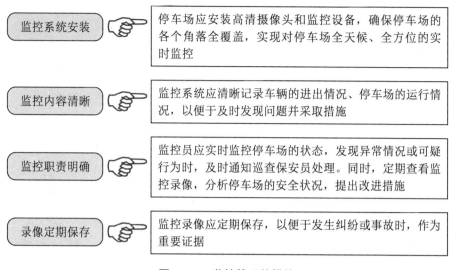

图 5-14 监控管理的措施

2. 巡查管理

（1）巡查人员配置：停车场应配置足够数量的巡查人员，确保停车场的各个区域都能得到及时、有效的检查。

（2）巡查频率：应根据停车场的规模和使用情况确定巡查频率，并确保巡查人员严格执行。一般来说，白天和夜间都应进行巡查。

（3）巡查内容：巡查人员应检查停车场车位利用情况、停车位标识是否清晰、停车场设施是否完好、是否存在乱收费等问题。同时，还应检查停放车辆的状态，如门窗是否关好、车内有无贵重物品等。

（4）巡查记录：巡查人员应详细记录每次巡查的内容，包括巡查时间、项目和结果，以及发现的问题、处理情况等，如表 5-2 所示。巡查记录应存档并定期审核。

表 5-2 停车场巡查记录表

年　月　日

班次/时间	__班__时__分至__时__分				值班员	接班员	
巡查项目	__时__分至__时__分	__时__分至__时__分	__时__分至__时__分	__时__分至__时__分	存在问题及处理结果		备注
有无可疑、闲杂人员							
监控设备是否正常							

续表

巡查项目	__时__分至__时__分	__时__分至__时__分	__时__分至__时__分	__时__分至__时__分	存在问题及处理结果	备注
车场照明是否完好						
交通标识是否完好						
防撞杆是否完好						
疏散指示标识是否完好						
疏散通道是否畅通						
防火卷帘是否正常						
消火栓是否完好						
车辆是否按规定停放，有无异常情况						
有无违规施工现象						
物品放行有无放行条						
卫生状况是否良好						
管道有无滴漏						
地漏是否畅通						
交接物品	对讲机____部　　钥匙____把　　门禁____卡张　　巡更器____支 其他物品：					
跟进事宜：							
领班检查				主任抽查		

四、消防设施的维护与管理

停车场消防设施的维护与管理是确保停车场安全运营的关键。

1. 消防设施的配置

应当根据停车场规模和布局,合理配置消防设施,包括但不限于灭火器、消火栓、自动喷水灭火系统、烟雾探测器等。这些设施应当安装在易于取用且符合消防要求的位置,确保在紧急情况下能够快速使用。

2. 消防设施的检查与维护

消防设施的检查与维护要求如图 5-15 所示。

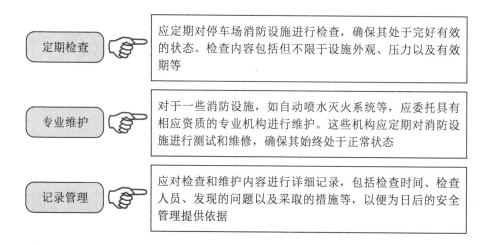

图 5-15 消防设施的检查与维护要求

3. 消防安全培训与演练

(1) 消防安全培训

物业服务企业应定期对员工进行消防安全培训,提高员工的消防安全意识和应急处理能力。培训内容应包括消防设施的使用方法、火灾的预防和应对措施等。

(2) 应急演练

为了检验员工的应急处理能力,应定期组织开展停车场火灾逃生演练和灭火演练。

4. 消防安全管理

停车场的消防安全管理措施如图 5-16 所示。

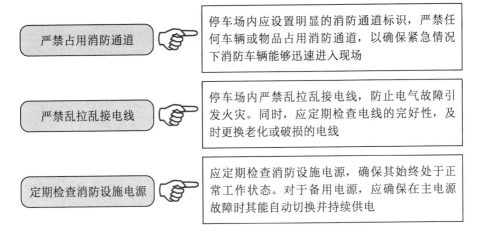

图 5-16 停车场的消防安全管理措施

五、制定安全管理制度

物业服务企业应制定停车场安全管理制度,并要求员工严格执行。

1. 明确目标与原则

首先,要明确制定安全管理制度的目的,即保障停车场内人员、车辆和财产的安全,预防和减少安全事故发生。同时,明确公平、公正、公开的原则,确保所有车主和员工都能理解和遵守。

2. 考虑停车场特点

在制定停车场安全管理制度时,要充分考虑停车场的规模、布局、设施等特点。例如,大型停车场可能需要制定更严格的车辆进出管理措施;地下停车场则需要注意通风、防火等问题。

3. 明确具体内容

车辆进出管理:明确车辆进出的具体要求,如办理停车卡,按时缴费,禁止无牌无证、超载、违规改装车辆进入停车场等。

停车行为管理:车辆应按照要求停放,不得占用消防通道、人行通道等。同时,车主应锁好车门、车窗,不要在车内放置贵重物品。

消防安全管理:制定消防设施维护与检查制度,明确火灾应急处理流程,确保车主和停车场管理人员都熟悉消防器材的使用方法和逃生路线。

安全巡查与监控：明确巡查人员的职责和巡查频率，并要求巡查人员利用监控设备对停车场进行实时监控，以便及时发现和处理异常问题。

4. 确定违规处理措施

对于违反安全管理制度的行为，应有相应的处理措施，如警告、罚款、拖车等。这些措施应合法合理，既能起到惩罚作用，又能避免不必要的纠纷。

5. 宣传与教育

安全管理制度制定后，应通过多种方式向车主和员工进行宣传，同时，定期组织安全教育活动，提高大家的安全意识和应急处理能力。

6. 定期修订与更新

随着停车场环境和业主需求的变化，安全管理制度也应定期修订和更新，以确保制度的时效性和有效性，更好地保障停车场的安全。

【范本 5-01】

停车场管理规程

1. 目的
规范小区停车场的管理，确保停车场秩序。

2. 范围
适用于公司所辖各停车场。

3. 职责
3.1 项目部经理负责对停车场管理制度的执行及停车场的管理进行全面指导、监督和考核。

3.2 秩序维护部主管负责停车场的管理及对车场管理员（秩序维护员车岗）进行培训。

3.3 车场管理员负责停车场各项工作的具体实施。

4. 方法和过程控制
4.1 小区停车场仅服务于小区住户，外来车辆的停放需根据车位紧张程度来确定。

4.1.1 原则上外来车辆不得驶入小区，如住户有特殊情况，填写外来车辆登记表后，方可进入小区临时停放。

4.1.2 临时停放的外来车辆，应打开双闪，留下联系方式，停放时间不得超过 30 分钟。如停放超过 30 分钟，车场管理员应与车主联系，要求其尽快驶离小区。如业户拒不挪车或联系不上，车场管理员可通过对讲，报告上级领导。对于违规车辆，可上门沟通，并将车辆牌号以及相关信息记录下来，以后不让其停放。

4.1.3 车辆进出实行一车一卡，车场管理员放行时核车、核卡，并尽量核人，检查一辆放行一辆。还应每天检查、核对外来车辆出入记录，记录表至少保存 1 年。

4.2 住户需租用车位时，应向客服中心提出申请，经项目部经理审批后，双方签订车位租用协议书。

4.3 对与客服中心签订了车位租用协议书的住户，应根据公司的相关规定为其办理停车卡。住户凭卡停车。

4.4 车场管理员应熟练掌握交通手势，用标准的动作指挥车辆。

4.5 严禁超高、携带易燃易爆物品的机动车辆进入停车场。

4.6 如发现车辆无"出入卡／出入证"或车牌号与车辆登记信息不符等情况，应报告客服中心和上级领导，经查验并登记车主有效证件、车牌号、车型等信息后，方可放行。

4.7 地下停车场内，在每个车位张贴车位尺寸，标明限高限宽信息（由项目部制作完善）。

4.8 对于出售的车位，在车位明显处粘贴反光标识及车位号（由项目部制作完善）。

4.8.1 车辆不得擅自停放，车位上停放车辆的信息应与车位租售登记信息相符。

4.8.2 在车流量高峰期视情况调整人员，加快车辆流通速度，防止车辆滞留。

4.9 车辆驶入时的基本操作。

4.9.1 车辆驶近停车场时，车场管理员应示意车辆减速停车，并立正敬礼。

4.9.2 临时车辆进入时，车场管理员需进行确认，并在来访人员／车辆登记表上登记。

4.10 车辆驶出时的基本操作。

4.10.1 车场出入口道闸因故障不能使用时，应使用地桩。

4.10.2 车辆驶出小区时，车场管理员应立正敬礼，目送车辆离开。

4.11 停车场秩序管理。

4.11.1 车场管理员应维护停车场的交通秩序，防止车辆阻塞及意外事故发生。

4.11.2 车场管理员应指挥车辆安全停泊、按位停放，保证车场畅通有序；禁止超高、超长车辆进场；严禁车辆停放在消防通道、车行道；严禁车辆超速行驶（不超过 5 公里／小时）、鸣喇叭等。

4.11.3 每小时巡检一次，检查车门(窗)是否关好，车身是否划伤，车灯有无破损，倒车镜、玻璃有无破碎，车胎、车轮有无缺少，车辆是否漏水、漏油等。如发现异常，立即通知车主；若联系不上车主，应将情况上报班长，并在值班记录表中详细记录。

4.11.4 对进出车辆及司乘人员进行实时监控，发生交通事故或剐蹭事件时，控制好现场，并报告班组长协助解决。

4.11.5 禁止车主使用公共水源清洗车辆；不准车辆在停车场试车、练车。

4.11.6 因车主原因造成停车场公共设施设备损坏，应立即上报领导，与车主确认责任，商定赔偿事宜。

第三节　突发事件与异常情况的处理

对于突发事件和异常情况，如火灾、车辆故障、交通事故等，物业服务企业应制定完善的应急处理方案，包括建立快速响应机制，确保第一时间发现并处理问题；配备专业的人员和设备，确保问题得到有效的解决；加强与相关部门的沟通协调，确保得到及时的支持和帮助。

一、停车场突发事件的处理

1. 停电

（1）当停车场停电时，应将停电区域及详细情况报告给班长、部门主管或消防中心当值保安员，并向机电维修部了解停电原因。

（2）收费系统无法使用的，应通知出入口岗位保安员，手动计费。

（3）使用紧急灯，保证各通道照明。

2. 收款系统故障

（1）当收款系统故障时，立即报告班长或部门主管，并记录故障时间。

（2）报机电维修部维修，尽快恢复使用。

（3）未恢复前，通知出入口岗位保安员采用手动计费。

3. 发生火灾

火灾的处置措施如图 5-17 所示。

措施一	当停车场发生火灾时，应以最快的速度通知消防中心，说明起火的确切地点和起火性质
措施二	疏散起火现场的业主，指挥车主将车辆停放在安全地点
措施三	使用消防器材尽快将火焰扑灭，或控制火势蔓延，等候消防人员到场
措施四	如出现人员受伤，应积极抢救
措施五	保护起火现场，配合专业人员调查

图 5-17　停车场火灾的处置措施

4. 发生斗殴等暴力事件

发生斗殴等暴力事件的处置措施如图 5-18 所示。

措施一	保持冷静，立即报告班长或监控中心，简要说明现场情况，如地点、人数、有无使用武器等
措施二	如能控制现场，应及时制止暴力事件；否则，应与监控中心保持联络，等待上级的指令或增援人员到达
措施三	保护好自身安全，尽量避免与对方发生争吵或武力冲突
措施四	事件中如有人员受伤，应积极组织抢救
措施五	将争执双方留下，记录事件经过。必要时交公安机关处理

图 5-18　发生斗殴等暴力事件的处置措施

5. 发生盗窃或破坏事件

（1）遇到盗窃或破坏事件时，应以最快的速度报告监控中心或值班主任，简要说明现场情况，如地点、人数、财物损失情况等。

（2）保持冷静，如能自行处理，可将有关人员带往保安部调查处理；如不能处理，则应监视现场，等候支援人员及上级指令。

（3）保护现场不受破坏，配合有关单位调查取证。

6. 发现醉酒者

（1）发现醉酒者时，报告监控中心或上级领导，同时稳定醉酒者的情绪。

（2）劝告醉酒者离开停车场。如醉酒者无理取闹，可使用强制手段请其离开。

（3）与醉酒者沟通时，一定要保持冷静、克制的态度。

7. 车辆碰撞

（1）当发生车辆碰撞时，尽量由当事车主在现场协商处理。

（2）报告值班领导，并维护车场秩序。

（3）如有必要，联系交警部门前来处理。

8. 车卡丢失、损毁

（1）车主车卡丢失或损毁时，引导车主去客服中心补办。

（2）按停车场入口岗登记的时间，收取停车费。

（3）如车主蛮不讲理，可通知值班主任、班长协助处理。

9. 电梯故障

（1）停车场电梯出现故障时，应通知监控中心值班保安员。

（2）在电梯口摆放故障标识。

（3）通知入口保安员，向车主作出适当解释和指引。

二、停车场异常情况的处理

1. 盗抢车辆冲卡

（1）车场保安员

发现驾驶员神色慌张，应及时通知出口岗，采取必要的预防措施，对出场车辆认真核对，确认人、车、卡相符后再放行。

（2）发现驾驶员为盗车者时，立即通知班长、巡逻保安员到场援助，制服盗车者并送公安机关处理，同时联系车主到场。

（3）可疑人员盗抢车辆冲闸出场时，出口保安员应保护自身安全，准确记录冲闸车辆的车型、牌号、颜色及逃走方向，并报告班长和公司领导，同时拨打"110"报警，将公司名称、地址、冲卡车辆车型、牌号、颜色、逃逸方向叙述清楚。

2. 车辆故障撞闸

（1）因车辆故障撞闸造成停车场管理系统故障的，应责成车主修复。

（2）维护现场秩序，做好车辆放行工作，防止发生其他事故。

（3）如发生人员受伤的情况，立即开展救护工作。

3. 道口交通阻塞

（1）当停车场道口交通阻塞时，保安员应迅速了解情况，查明原因。

（2）指派人员到就近的路口引导车辆出入，防止交通事故发生。

（3）如属车辆故障，应立即召集附近保安员帮助车主将车辆移至不影响交通的位置。

（4）如道口设施设备出现故障，导致车辆不能正常进出场而造成交通阻塞的，应立即采取应急措施，改为人工操作，对出场车辆查验核实、收费后予以放行。

（5）对故意堵塞道口的车主，要耐心说服，以理服人。对不听劝阻者，应报告交管部门并依法处理。

学习笔记

通过学习本章内容，想必您已经有了不少学习心得，请详细记录下来，以便后续巩固学习。如果您在学习中遇到了一些难点，也请如实记下来，以便今后进一步学习，彻底解决这些问题。

我的学习心得：

1. _____
2. _____
3. _____
4. _____
5. _____

我的学习难点：

1. _____
2. _____
3. _____
4. _____
5. _____

第六章
Chapter six

物业消防安全管理

第一节　消防安全管理体系的建立

第二节　消防物防系统的完善

第三节　消防安全宣传与培训

第四节　电动自行车火灾事故预防

第五节　物业消防安全检查

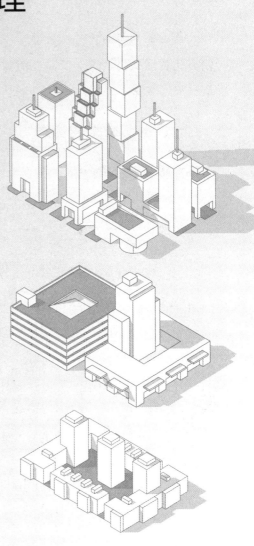

> **>>>>> 培训指引**
>
> 消防安全管理是一项重要的工作,旨在有效预防火灾的发生,并在火灾发生时迅速采取应急措施,最大限度地减少损失,保障人员和财产的安全。物业消防安全管理包括消防安全管理体系的建立、消防物防系统的完善、消防安全宣传与培训、消防安全检查与监控等内容。

第一节 消防安全管理体系的建立

物业服务企业应加强消防安全管理,建立健全消防安全管理体系,逐层明确网格化管理人员,进一步完善消防安全管理网络。同时,制定消防管理制度,实现规范化管理。

一、消防网络的构建

1. 消防组织结构图

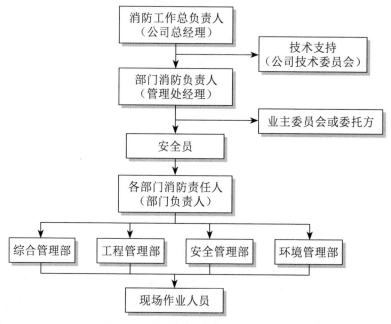

图 6-1 某物业公司消防组织结构

物业服务企业的消防管理部门一般属于安全保卫部门。但实际上,消防工作并不是某一个部门的事,而是全公司的事。按照《中华人民共和国消防法》的规定,物业服务企业应建立消防网络,对于各级组织和人员,应明确消防职责,并以文件的形式体现出来。某物业公司消防组织结构如图 6-1 所示。

2. 各级人员的消防职责

表 6-1 为物业服务企业各级组织与人员的消防职责。

表 6-1　物业服务企业各级组织与人员的消防职责

序号	各级组织与人员	消防职责
1	消防安全领导小组	(1) 贯彻执行上级的消防工作指示,建立健全公司安全责任制,制定公司安全生产管理制度,并组织实施 (2) 督促检查各部门对消防安全管理法规和政策的执行情况 (3) 做好员工的宣传教育工作。发生消防事故时,按照"事故原因分析不清不放过,事故责任者和员工没有受到教育不放过,没有制定防范措施不放过"的"三不放过"原则,严肃处理 (4) 认真贯彻"安全第一,预防为主"的方针,改善作业条件,消除安全隐患,确保消防管理"五同时",即同时计划、同时布置、同时检查、同时总结、同时评比 (5) 加强全员消防安全意识,强化管理,把消防工作落到实处,确保物业区域的消防安全
2	兼职消防领导	(1) 直接向公司防火责任人负责,对公司所属各部门进行消防安全检查,传达公司消防安全工作的指令 (2) 每月定期检查防火工作落实情况,发现隐患及时整改 (3) 制定"防火安全评比制度",增强各部门的消防安全意识 (4) 制订培训计划,定期对公司员工进行集中培训及开展应急演练 (5) 检查各部门消防设施的维护和保养工作 (6) 发生火灾时,立即赶到火灾现场,指挥人员进行灭火 (7) 调查火灾事故原因,提出相关处理意见,报请公司安全领导小组处理 (8) 定期向公司安全领导小组汇报消防工作开展情况

续表

序号	各级组织与人员	消防职责
3	消防中心	（1）认真学习并贯彻执行国家的消防法律法规，掌握物业区域的实际情况，提高消防安全意识 （2）制定防火安全制度，督促检查业主贯彻执行防火安全工作的情况 （3）检查物业区域的防火安全以及消防设备、灭火器材的配备情况，发现隐患，及时督促相关部门整改 （4）定期对消防设备进行检测、保养和维修，及时排除故障 （5）24小时监控消防电脑，发现火警、火灾及其他问题，立即向当值主管及经理报告，并提出处理措施 （6）制定重点部位的灭火方案 （7）负责对辖区人员进行消防安全教育 （8）组织专职消防人员定期检查消防设备、灭火器材、楼层消防屏蔽及报警装置、排烟系统、对讲系统等，消除安全隐患 （9）重大节假日前，组织人员进行安全大检查，发现隐患，及时通知有关部门或业主进行整改 （10）建立健全辖区的消防管理档案
4	义务消防队员（所有员工）	（1）始终保持高度警惕、忠于职守，随时准备投入消防战斗中 （2）学习消防知识，熟悉消防法律法规、消防设备的基本功能与操作、灭火器具的使用方法、手动报警器的报警方法、消防疏散通道的位置、破门救灾方法、消火栓与水龙带的连接方法、紧急灭火程序等 （3）制止任何违反消防安全法规的行为，发现火险隐患迅速报告 （4）爱护消防设施，发现消防设施遭到破坏，应立即报告消防控制中心进行处理 （5）积极参加公司组织的消防灭火训练与消防知识培训 （6）积极参加灭火战斗，树立不怕吃苦、不怕牺牲、连续作战的作风 （7）灭火过程中服从命令、听从指挥，维护火场秩序、保护火灾现场

二、灭火组织结构与职责

1. 灭火的组织结构

灭火的组织结构一般采取"一部、六组"模式,即指挥部、灭火行动组、疏散引导组、通信联络组、安全防护组、救护组和后勤保障组。某写字楼物业的灭火组织结构如表 6-2 所示。

表 6-2 某写字楼物业的灭火组织结构

结构形式		人员组成及职责
一部	指挥部	总指挥:总经理 副总指挥:副总经理 指挥部办公室负责人:护卫部经理 成员:综合办公室主任、工程部经理、客务部经理、中控室主管、护卫部主管
六组	灭火行动组	护卫部 20 人 负责人:护卫部带班主管、护卫班长 职责:扑灭火灾,防止火势蔓延
	疏散引导组	客户行政负责人 25 人,客务部 4 人 负责人:客务部带班经理、客户行政负责人 职责:将客户从消防安全通道疏散到安全地方
	通信联络组	中控室 1 人,通信联络人 2 人 负责人:中控室主管、客户行政负责人、保安部负责人 职责:保证各组与指挥部的通信畅通
	安全防护组	护卫部 5 人 负责人:护卫部主管 职责:守护大厦出口,防止坏人进行破坏
	救护组	工程部综合维修 4 人、综合办公室 2 人、财务部 2 人 负责人:综合办公室主任 职责:救护受伤人员
	后勤保障组	工程部 10 人 负责人:工程部带班经理或主管 职责:提供水、灭火器、抢险工具等

2. 灭火人员的主要职责

物业区域一旦发生火灾,物业服务企业经理、主管及班组负责人应迅速赶赴现场,组织开展灭火工作。某物业公司灭火人员的主要职责如表 6-3 所示。

表 6-3 灭火人员的主要职责

序号	各级灭火人员	主要职责
1	物业公司经理	(1) 负责指挥本单位员工的灭火工作 (2) 接到火灾信息后,立即赶到消防监控中心或着火现场 (3) 确定火场情况,有效组织抢险力量开展灭火工作 (4) 向各部门、班组下达启动风机、供水、灭火、疏散及物资供应的命令,并密切关注火灾态势 (5) 当消防人员到达现场后,全力协助其灭火
2	护卫主管	(1) 在灭火过程中,当好经理的参谋与助手,无条件执行经理的命令 (2) 密切监视火势的发展,及时向经理报告,并提出相应的对策 (3) 准确传达经理的指示,并及时向经理反馈执行情况 (4) 组织火场警戒工作与现场救护工作 (5) 组织现场的清扫与保护工作 (6) 当经理不在现场时,由护卫主管代行管理职责
3	消防控制中心值班员	(1) 发现或接到火警信号后,立即通知当班巡逻员前往报警点查验 (2) 火灾确认后,立即发出警报,并向经理报告,同时通知消防队员赶赴现场扑救 (3) 根据经理的命令,执行播报程序、消防设备启动程序,向各部门、班组和相关人员通报火灾情况 (4) 负责现场与消防控制中心、火场指挥员与各班组长之间的通信联络
4	维修班长	(1) 负责指挥全班做好火场灭火工作 (2) 保证持续供水 (3) 保证防排烟设备正常运行,迅速切断火灾现场的电源,关闭电梯和煤气阀 (4) 根据需要,做好灭火器材供应、重要设备保护与人员疏散工作

续表

序号	各级灭火人员	主要职责
5	各班（组）负责人	（1）当责任区域发生火灾时，指挥本班（组）员工投入灭火工作 （2）当其他区域发生火灾时，立即带领班（组）员工携带灭火器材，奔赴现场灭火 （3）根据火场态势，及时调整力量，组织人员做好排烟工作 （4）向火场指挥员提出疏散物资与灭火器材的需求 （5）确定安全出口和疏散路线，组织人员有秩序地撤离，确保无人员遗漏 （6）安置好疏散出来的人员 （7）采取有效保护措施，避免人员伤亡
6	员工	（1）坚守岗位，听从指挥，明确职责 （2）当接到火警信号时，迅速携带灭火器材赶赴着火现场灭火 （3）组织人员疏散，逐房检查，防止遗漏 （4）正确使用救生器材，防止意外事件发生 （5）使用水枪时，禁止盲目射水，避免水源浪费 （6）在灭火过程中，要正确使用消防器材，并保护自身安全

三、消防管理制度的制定

消防工作重在预防，物业服务企业应制定完善的消防管理制度。

1. 消防值班制度

物业服务企业应建立 24 小时消防值班制度，并要求员工严格执行。消防中心值班室是火警预报、信息汇总的中心，值班人员必须高度负责，认真做好本职工作。

（1）值班人员平均每班工作 8 小时，保证 24 小时全天候值班。值班人员必须坚守岗位，严禁脱岗。

（2）交接班时，接班人员未到，交班人员不得离岗。用餐时必须保证有一人在室内值班。禁止使用消防报警电话闲谈。

（3）每班应设两人，一人负责监控闭路电视、接听电话、操作设备等；一人负责巡查物业区域各防火部位，如库房、机房、厨房等。

（4）值班过程中发现问题，应及时解决，不能拖拉。当接到消防报警后，应迅速通知巡逻保安员赶赴报警地点，查明原因。如果发生火灾，应立即报警。

（5）认真记录每天值班情况，并由交接双方共同签字。

（6）严格遵守各项规章制度和操作规程，违规操作引起的一切后果，由值班人员负责。

2. 消防检查制度

物业服务企业应建立三级检查制度。一级检查由消防部门组织，并落实到具体人员，对检查过程中存在的问题及时解决；如不能解决，应立即报告上级主管或公司领导。一级检查应每天进行。

二级检查由公司管理部门或消防部门经理组织，重点检查各部门对消防安全制度的执行情况、重要地段的防火情况。二级检查一般每周或每月进行一次。

三级检查是公司负责人或其授权人组织的检查。一般在重大节日或重大活动之前进行，每年不少于一次。

3. 业主消防安全守则

消防安全不只是物业服务企业的责任，也是全体业主的责任，所以有必要制定业主消防安全守则。

（1）严禁损坏、挪用消防器材，严禁使用消防水源。

（2）未经审批禁止进行室内装修。

（3）室内装修需增设电气线路时，必须符合安全规定，严禁乱拉乱接电线。

（4）严禁使用不符合防火要求、未经防火处理的装修材料。

（5）开展动火作业，必须先向客服中心申请，经批准后方可作业，要求用电符合安全规定、周围无易燃易爆物品、不妨碍行人或草地等。严禁未办理手续或由非持证人员进行动火作业。

（6）严禁占用、堵塞消防通道、楼梯通道、天台出口或其他安全疏散口；严禁在楼道、天台上进行喷刷油漆等作业。

（7）严禁损坏安全疏散指示、应急照明设施或消防标识等。

（8）严禁在室内存放易燃易爆物品；液化气最大储存量为两瓶，严禁超量储存。

（9）严禁在住宅区内存放烟花爆竹、炸药、雷管、乙醇等易发生爆炸的物品。

（10）禁止在阳台放置液化气、燃油、油漆及其他可燃性溶剂。

（11）业主必须服从消防机关和物业服务企业有关消防安全的规定，不得刁难、辱骂或以暴力、威胁等手段妨碍消防人员的工作。

（12）对纵火者依法追究刑事责任。

4. 装修现场消防安全规定

（1）施工现场应配备一定数量的灭火器。配备标准：100平方米以下配2～3个，100平方米以上3～4个；半层5～6个，全层8～10个。

（2）施工现场严禁吸烟及使用明火等。

（3）禁止将易燃易爆、带腐蚀性、有毒物品带入物业区域。

（4）装修所需的有机溶剂、油漆等，只允许带进当天需用量；当天离开时一律带走，不得堆放在物业区域。

（5）严格遵守安全用电规定，不得乱拉乱接电线或超负荷用电。

（6）室内布装电线，应使用阻燃性绝缘导线，并穿硬塑料管或钢管铺设。绝缘导线的绝缘强度应符合要求，电源电压为380伏的，应采用额定电压为550伏的绝缘导线；电源电压为220伏的，应采用额定电压为250伏的绝缘线。

（7）室内装修应严格按消防要求使用防火材料，不得使用易燃材料。

（8）动火作业前应先向物业客服中心提出申请，严禁违规作业。

（9）未经批准，不得擅自改动烟感器、喷淋头、紧急广播喇叭和消火栓等消防设备。

（10）室内装修间隔必须符合消防安全规定。

（11）装修施工不得遮挡消防设施、疏散指示标识及安全出口。

（12）为避免施工场地粉尘过大引起烟感器报警，每日施工前经保安部同意后可用胶袋将烟感器包住，每日施工结束后再将包装物取掉，恢复烟感器的正常工作状态。

（13）每日施工结束后，应通知保安部当值领班到场进行室内消防安全检查，确认无安全隐患后方可锁门离开。

5. 动火审批制度

物业区域内的动火作业应经过审批，以减少火灾隐患。

（1）凡需在小区内进行动火作业，都应该办理动火审批手续。

（2）施工动火的单位和个人，应在动火前向客服中心领取"临时动火申请表"，说明动火的事由、动火部位、起止时间、范围和采取的防范措施等，并经物业服务企业领导批准。大型动火作业，应经公安局消防支队防火科同意。取得动火许可证后方可动火。

（3）动火前要清理现场，确保周围无易燃品，并配备灭火器材。

（4）在动火作业的过程中，如发生事故，必须马上采取处理措施，并报告监控中心。

（5）动火现场必须由消防人员监督。施工人员应随身携带动火许可证，以备检查。完工后应将其交回客服中心注销。

（6）动火单位和个人违规操作的，应根据情节轻重分别给予批评教育、赔偿经济损失、罚款等处罚。情节严重的，应依法追究其法律责任。

第二节　消防物防系统的完善

物业服务企业除了加强人防，还要重视物防，应根据物业项目的规模、等级，完善消防物防系统，以提高火灾防控能力，减少火灾事故的损失。

一、消防物防系统的组成

消防物防系统的组成如表 6-4 所示。

表 6-4　消防物防系统的组成

序号	系统名称	系统构成及原理
1	火灾自动报警系统	（1）火灾自动报警系统由探测器（感烟探测器、感温探测器、火焰探测器）、手动报警装置（手动报警按钮）、报警控制器（区域报警器、集中报警器、控制中心报警器）组成 （2）发生火灾时，探测器将火灾信号传送到报警控制器，通过声光信号表现出来，并在控制面板上显示火灾发生的部位，从而实现火警预报。同时，值班员也可以通过手动报警按钮来实现报警的功能
2	消火栓系统	（1）消火栓系统由消防泵、稳压泵（或稳压罐）、消火栓箱、消火栓阀门、接口水枪、水带、消火栓报警按钮、消火栓系统控制柜等组成 （2）当发生火灾时，应首先打开消火栓箱，按要求接好水带，然后将水枪对准火源，打开消火栓阀门，水枪即有水喷出；按下消火栓按钮时，通过消防泵向管道供水

续表

序号	系统名称	系统构成及原理
3	自动喷水灭火系统	（1）自动喷水灭火系统由闭式喷头、水流指示器、湿式报警阀、压力开关、稳压泵、喷淋泵、喷淋控制柜等组成。 （2）自动喷水灭火系统处于正常工作状态时，管道内有一定压力的水。当火灾发生火场温度达到闭式喷头的温度时，玻璃泡破碎，喷头喷水；管道中的水由静态变为动态，水流指示器动作，将信号传输到消防中心的消防控制柜进行报警。当湿式报警装置报警、压力开关动作后，控制柜启动喷淋泵为管道供水，完成系统的灭火动作
4	防排烟系统	防排烟系统由排烟阀、手动控制装置、排烟机、防排烟控制柜等组成。当火灾发生时，防排烟控制柜接到火灾信号，发出打开排烟机的指令，火灾区开始排烟。也可通过手动控制装置进行人工操作，完成排烟工作
5	防火卷帘门系统	防火卷帘门系统由感烟探测器、感温探测器、控制按钮、电机、限位开关、卷帘门控制柜等组成，能在火灾发生时起到防火分区隔断的作用。火灾发生时，感烟探测器报警将火灾信号送到卷帘门控制柜，控制柜随即发出启动信号，卷帘门自动降到距地1.8米的位置（特殊部位的卷帘门可一步到底）。如果感温探测器再报警，卷帘门会降到底
6	消防事故广播及对讲系统	消防事故广播及对讲系统由扩音机、扬声器、切换模块、消防广播控制柜等组成。值班人员得到火情信息后，可以通过电话向各防火分区了解火灾情况，及时处理火灾事故；也可通过广播通知有关人员及时采取相应措施

二、消防设施的标识与配置

物业服务企业应按照消防要求，将各种消防设施标识安装在合适、醒目的位置。任何人不得随意挪动消防设施标识。值班人员应认真检查，确保各标识的完好性。

1. 总平面布局标识

（1）标识内容

在总平面布局图上应标明消防水源（天然水源、室外消火栓及可利用的市政消火栓）、水泵接合器、消防车通道、消防安全重点部位、安全出口和疏散路线、主要消防设施及位置、建筑消防设施等内容。

设有专职消防队的单位,还应标明专职消防队及车辆位置、特殊灭火剂储存位置及储量等内容。

对于多层公众聚集场所,应在每层设置平面布局标识,标明本层疏散路线、安全出口、室内消防设施位置等内容。宾馆、饭店等住宿场所的房间内,还应设置消防安全疏散示意图。

(2)标识位置

设置在物业区域主要出入口附近的醒目位置,且采用荧光材料。

(3)标识规格

总平面布局标识设置在室内的,标识面积应不小于 1 平方米;设置在室外的,标识面积应不小于 1.5 平方米。楼层平面布局标识面积应不小于 0.35 平方米,如图 6-2 所示。

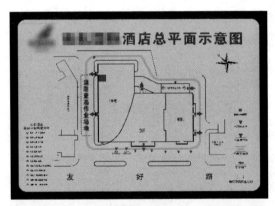

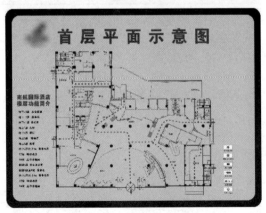

图 6-2 平面布局图示例

2. 消防车道标识

（1）标识内容："消防车道，严禁占用"等字样，如图6-3所示。

图6-3　消防车道标识图例

（2）标识位置：设置在消防车道地面上或临近建筑的墙面上，与消防车道同宽，采用荧光漆涂刷。

3. 防火间距标识

（1）标识内容："此处×米内为防火间距,严禁占用！"等字样,如图6-4所示。

图6-4　防火间距标识图例

（2）标识位置：设置在临近建筑的墙面或地面上，与防火间距同宽，采用荧光漆涂刷。

4. 认知标识

（1）标识内容：消防器材、设施的名称及所在位置。

（2）标识位置：设置在消防器材、设施的上方、侧方。

5. 操作使用标识

（1）标识内容

标明使用方法、操作空间及维护责任人、维护时间等内容。消火栓、防火卷帘门等消防设施操作场地易被埋压、圈占的部位，必须标明操作场地。

（2）标识位置

设置在消防器材、设施上方、侧方，也可与消防设施认知标识一并设置。

（3）标识规格

标识面积应不小于 0.05 平方米，不大于 0.1 平方米。

（4）消防设施、器材标识图例

① 火灾自动报警系统标识，如图 6-5 所示。

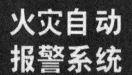

图 6-5　火灾自动报警系统标识图例

② 自动喷水灭火及室内消火栓系统标识，如图 6-6 所示。

图 6-6　自动喷水灭火及室内消火栓系统标识图例

③ 防排烟及通风空调系统标识，如图6-7所示。

图6-7 防排烟及通风空调系统标识图例

④ 防火卷帘、防火门设施标识，如图 6-8 所示。

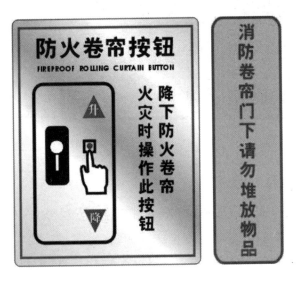

图 6-8　防火卷帘、防火门设施标识图例

⑤ 气体灭火系统标识，如图 6-9 所示。

图 6-9　气体灭火系统标识图例

⑥ 消防电源控制柜侧方应设置认知和操作使用标识。

⑦ 灭火器材标识，如图 6-10 所示。

图 6-10　灭火器材标识图例

6. 消防设施管理标识

（1）标识内容：系统（设施）名称、生产厂家、型号、安装单位、安装时间、维保单位等，如图 6-11 所示。

（2）标识位置：消防控制室墙面醒目位置。

（3）标识规格：标识面积应不小于 0.35 平方米。

图 6-11　消防设施管理标识图例

7. 消防安全疏散标识

（1）疏散指示标识

① 标识内容：疏散指示，如图 6-12 所示。

② 设置位置：应根据国家法律法规、消防技术标准，设置在安全出口、疏散通道的上方、转角处及疏散走道 1 米以下的墙面上，并采用符合法律要求的灯光疏散指示标识、安全出口标识，标明疏散方向、疏散宽度。

图 6-12 疏散指示标识图例

（2）疏散警示标识

① 标识内容:"禁止锁闭""禁止阻塞""提示性禁行"等内容,如图 6-13 所示。

② 标识位置：单位安全出口、疏散楼梯、疏散走道应设置疏散警示标识,标明"禁止锁闭""禁止阻塞"等警示性内容。火灾时禁用的出口、楼梯、电梯等处,应设置提示性禁行标识。

③ 标识规格：标识面积应不小于 0.05 平方米,不大于 0.1 平方米。

图 6-13　疏散警示标识图例

8. 危险场所安全警示标识

（1）标识内容：标明危险物品名称或禁止事项，如图 6-14 所示。

图 6-14

图 6-14　安全警示标识图例

（2）标识位置：设置于有危险物的场所。

（3）标识规格：标识面积应不小于 0.05 平方米，不大于 0.1 平方米。

9. 消防安全管理规程标识

（1）标识内容：消防安全管理规程、操作程序等，如图 6-15 所示。

（2）标识位置：设置于墙面醒目位置。

（3）标识规格：标识面积应不小于 0.35 平方米。

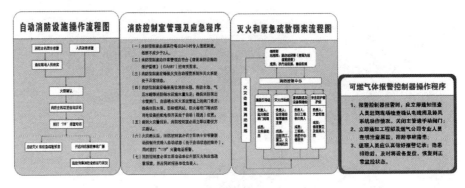

图 6-15　安全管理规程标识图例

10. 消防安全宣传标识

（1）消防安全法规标识

① 标识内容：《中华人民共和国消防法》《机关、团体、企业、事业单位消防

安全治理规定》，以及公安部《关于人员密集场所加强消防安全管理的通告》等法律法规、安全规定等，如图6-16所示。

② 标识位置：设置于人员密集场所大门前、主要疏散通道等部位。

③ 标识规格：标识面积应不小于0.35平方米。

④ 制作要求：可利用电子屏、宣传栏等平台设置。

（2）消防制度标识

① 标识内容：消防安全管理制度、消防安全职责等。

图6-16 消防安全法规标识图例

② 标识位置：设置于重点部位、重要场所、生产岗位、消防办公室的墙面上及人员聚集场所的主要疏散通道上。

③ 标识规格：标识面积应不小于0.35平方米。

（3）消防安全常识标识

① 标识内容：安全生产经营理念，公共场所防火事项，火灾报警、安全疏散、逃生自救常识等，如图6-17所示。

图6-17 消防安全常识标识图例

② 标识位置：设置于重点部位、重要场所、生产岗位及人员密集场所的主要疏散通道、人员聚集场所等。

③ 标识规格：标识面积应不小于0.35平方米。

三、消防器材的配备与管理

1. 大型物业区域消防器材的配备

大型物业区域一般配备消防头盔、消防战斗服、消防手套、消防战斗靴、消防安全带、安全钩、保险钩、消防腰斧、照明灯具、个人导向绳和安全滑绳等消防器材。表6-5为某物业公司消防器材的配备情况。

表6-5 某物业公司消防器材配备一览表

器材名称		装备数量	主要用途
消防战斗服		20套	主要用于训练及灭火时保护身体不受火源辐射
消防战斗靴		20双	主要用于训练及保护小腿
消防头盔		20个	主要保护头部及面部
消防手套		20双	主要用于高空作业、滑绳及灭火时的手部防护
安全带		20条	主要保护腰部和用于训练
保险钩		5个	配合安全带用,有利于高空作业
安全滑绳		3条	用于高空滑绳自救
训练水带	小(25毫米)	4米×20米	用于铺设水带、供水及比赛竞技
	大(25毫米)	10米×20米	同上
水枪	直流	2支	直流射流
	开关	2支	从水枪上直接控制水流
	喷雾	2支	喷雾射流供水
分水器		1个	用于火场供水
集水器		1个	汇集各股水流
二节梯(6米或9米)		1架	用于登高训练及救援
灭火器	新型气体	10瓶	可代替酸碱、化学泡沫和四氯化碳灭火器
	二氧化碳	10瓶	主要用于小型初起火灾的扑救
	干粉	5瓶	同上
	1211	10瓶	用于初起火灾的控制及扑救
	泡沫	5瓶	同上
	清水	5瓶	同上

续表

器材名称		装备数量	主要用途
消防车	水罐	1部	供水灭火,主要用于远离消防部门的大型物业公司
	指挥	1部	巡逻、检查和灭火指挥专用
消防斧(腰斧)		5把	用于破拆
消防扳手		5把	用于打开消火栓供水
云梯(以高层物业为主)		1部	登高救援及灭火,用于超大型物业管理企业
警用摩托车		1辆	巡检

2. 消防器材一般配置要求

(1) 楼层配置

消防器材应根据物业区域的火灾危险性进行合理配置。在住宅区内,多层建筑中每层楼的消火栓(箱)内均配置2瓶灭火器;高层和超高层建筑中每层楼的消火栓(箱)内应配置4瓶灭火器;每个消火栓(箱)内配置1~2盘水带、1支水枪及消防卷盘。

(2) 岗亭配置

物业区域每个保安岗亭均应配备一定数量的灭火器。在发生火灾时,岗亭保安员应就近使用灭火器扑救。

(3) 机房配置

各类机房均应配备足够数量的灭火器,主要有固定灭火器和推车式灭火器。

(4) 其他场所配置

其他场所配置的灭火器,应能在较短时间内迅速扑灭初期火灾,防止火势进一步蔓延。

3. 消防器材的维护与管理

(1) 定期检查

对常规消防器材,应至少每月进行一次全面检查。发现破损、泄漏、变形或压力不够时,应及时维修和调换,以防在训练中发生事故。

(2) 定期维护

员工应爱护消防器材,在平时训练时对器材轻拿轻放,不能摔打、乱扔乱掷;

用完后要放回原处统一管理，并定期清洗和上油，以防器材生锈、变形和失去原有功能。

（3）专人保管

消防部门应指定专人对消防器材进行统一管理，并建立消防设备保管台账，以免器材丢失和被随便动用。平时训练完，应由带训负责人将消防器材交给保管员，并做好领用和归还登记。

（4）定期统计

每月应对消防器材做一次全面的统计，以保证消防器材完整、齐全。对已失效、损坏的器材应进行重新配置。配置在每个项目及各个场所的消防器材，应由项目管理员签字确认，有专人负责管理。

第三节　消防安全宣传与培训

消防安全宣传与培训非常重要，具体包括对员工进行消防安全培训，提高员工的消防安全意识和应急处理能力；以及向业主进行消防安全宣传，提高他们的火灾预防和自救能力。

一、员工消防安全培训

加强员工消防安全培训，可提高他们的火灾应急处置能力。物业服务企业除定期组织员工进行灭火演练外，还应定期开展防火和灭火知识培训，做到人人会报警、会使用灭火器材、会组织群众疏散和会扑救初起火灾。对于新员工，必须进行消防安全培训，考核合格后方可上岗。

员工消防培训的步骤为：

（1）明确授课人，由人力资源部指派。

（2）选择授课地点，确定授课时间。

（3）明确授课内容，包括防火知识、灭火常识、火场自救与救人、灭火的基本方法与原则等。

（4）组织人员考核。

（5）将考试结果存档备案。

二、业主消防安全宣传与培训

1. 消防安全宣传

物业服务企业可通过广播、墙报、警示牌等多种形式,向业主宣传消防知识,营造"消防安全人人有责"的良好氛围。

2. 定期组织培训

物业服务企业应定期组织业主进行消防知识培训。

培训内容包括消防管理有关法律法规、防火知识、灭火知识、火场自救和救人知识、常用灭火器的使用方法,公司制定的消防管理公约、消防管理规定、业主安全责任书、安全用电用水用气管理规定、消防电梯使用规定等。

第四节　电动自行车火灾事故预防

电动自行车作为一种环保、节能的交通工具,虽方便快捷,但存在的火灾隐患不容小觑。电动自行车起火可能烧毁车辆本身,还可能波及周围建筑或物品,造成更大的经济损失。物业服务企业应采取相应措施,预防电动自行车起火,以确保业主人身和财产安全。

一、电动自行车起火原因与后果

1. 起火原因

电动自行车起火原因如表 6-6 所示。

表 6-6　电动自行车起火原因

序号	起火原因	说明
1	电池故障	这是导致电动自行车起火的主要原因之一。电池可能因为碰撞、穿刺、水浸、短路等原因发生故障,短时间内出现热失控,引燃电动自行车可燃部件或周围可燃物
2	充电问题	据调查,电动自行车火灾事故很大一部分是由充电引发的。如果充电器与电池不匹配、过充、使用快充或大功率充电器等,都可能导致电池过热,进而引发火灾

续表

序号	起火原因	说明
3	产品质量问题	部分厂家在生产电动自行车时，可能会降低生产标准，电线线径小、固定不到位、插接件未做防水防尘处理等，都会造成线路摩擦破损、过负荷发热、连接处电阻增大，从而引发火灾
4	使用和维护不当	电动自行车的使用频率高，但缺少必要的检查和保养。骑行时难免颠簸、磕碰或者涉水，而线路损伤、电池故障又难以第一时间被发现，所以容易引发火灾
5	违规改装	部分用户为了充电快捷，使用快充或大功率充电器；或者为了增强爬坡动力，更换大功率控制器，增大输出功率；还有的为了美观舒适，加装音响、灯光等用电设备，增大了用电负荷，增加了起火风险

2. 起火后果

电动自行车引发的火灾事故往往伴随着严重的后果，包括财产损失和人员伤亡。火灾可能导致家具、家电等物品烧毁，过火面积可达数十平方米。同时，火灾还可能造成人员伤亡，如烧伤、吸入性损伤和化学中毒等。

二、电动自行车的安全使用

作为物业服务企业，应就电动自行车的安全使用向员工和业主进行宣传和培训，可借助微信群、APP、公众号、宣传栏等平台，如图6-18、图6-19所示。

1. 电动自行车的安全须知

（1）应从正规渠道购买通过CCC强制认证的电动自行车，并使用原装电池，不要自行改装；如需维修、更换部件，要到正规服务站点。

（2）应使用原装充电器、正规充电柜对电池进行充电，以免充电电压不匹配导致过充电。

（3）长时间不使用时，电池不要处于空电状态，也不要处于满电状态。

（4）对于使用多年的老旧电池，尤其是已经出现鼓包、漏液、发热的电池，要及时更换。

2. 牢记七个"严禁"

（1）严禁购买不合格的电动车及配件。不合格、非标或超标的电动车、电池、

图 6-18　某物业企业公众号上的电动自行车火灾事故预防知识

图 6-19 电动自行车火灾事故预防宣传画

电线、充电器,会增加火灾风险。

(2)严禁擅自改装。擅自改装电池,加装音响、照明等,容易造成线路超负荷,从而引发火灾。

(3)严禁不按规定停放。严禁在没有防火分隔等防范措施的住房、地下车库和地下室、半地下室内停放电动自行车。

(4)严禁在非规定区域充电。严禁在人员密集场所和建筑物公共门厅、疏散通道、楼梯间、架空层、安全出口等公共区域充电,不能将电池带回家充电。

(5)严禁"飞线充电"。严禁采用私拉电线、乱装插座等不符合消防技术标准的方式为电动自行车充电。

(6)严禁在易燃品附近充电。电动车充电时要远离易燃易爆物品。

(7)严禁长时间充电。应避免电动自行车充电时间过长或整夜充电且无人看管,一旦电池、电线等出现问题,极易引发火灾。

三、电动自行车棚火灾预防

电动自行车在车棚一旦失火极易造成"火烧连营",那如何预防电动自行车棚火灾事故呢?2023年11月,国家消防救援局研究制定了《防范电动自行车棚火灾事故七项措施》(试行),提出电动自行车棚应按照图6-20所示措施加强消防安全管理和防火改造。

图6-20 电动自行车棚火灾事故预防措施

1. 合理选址建造

(1)电动自行车棚不得与甲、乙类火灾危险性厂房、仓库、文物保护建筑贴邻或组合建造,确保远离高火灾风险区域。

(2)不得占用建筑的防火间距、消防车道、消防车登高操作场地,保证消防通道畅通无阻。

（3）不得影响建筑室内外消防设施、安全疏散设施的正常使用，确保火灾发生时能够迅速疏散和救援。

2. 保持安全距离

（1）电动自行车棚的凸出场地外缘（含防风雨棚）应与相邻建筑的外墙之间保持一定的安全距离，以减少火势蔓延的风险。

（2）不得毗邻建筑的外墙门、窗、洞口等开口部位及安全出口，确保火灾不会直接威胁建筑内部。

（3）确有困难需贴邻建造的，应贴邻不燃性且一定范围内无门、窗、洞孔的防火墙或采取可靠的防火分隔措施，减少火势向建筑蔓延的风险。

3. 车辆分组管理

（1）电动自行车棚内的停车位应分组布置，根据地区实际确定每组长度或停车位数量，实行划线和分隔管理。

（2）组之间应设置一定的防火间距，或采用修筑矮墙、设置耐火极限不低于 1.00 小时的隔板进行防火分隔，有效阻止火势蔓延。

（3）车棚应使用不燃、难燃材料，不得使用聚苯乙烯、聚氨酯泡沫等燃烧性能低于 A 级的材料作为隔离保温材料或作为夹芯彩钢板芯材搭建，以提高车棚整体防火性能。

4. 严格电气安全

（1）电动自行车棚应安装具有定时充电、自动断电、故障报警等功能的智能充电设施，避免过充、过热引发火灾。

（2）车棚内充电线路、照明线路应分路设置并穿管保护，确保电线不裸露在外，减少火灾隐患。

（3）充电设施、插座、配线箱、线缆等严禁敷设在易燃可燃物上，严禁使用大功率照明灯具，严禁私接电线"飞线充电"，确保电气安全。

5. 完善消防设施

（1）电动自行车棚可以根据环境条件、占地面积等因素和实际需求，因地制宜设置火灾自动报警器、室外消火栓等设施，提高火灾预警和扑救能力。

（2）配置灭火器、灭火毯和快速移车装置等器材，确保在火灾初期能够迅速扑救。

（3）组建电动自行车火灾快速处置志愿消防组织，完善应急处置预案，规范处置程序，加强日常演练，提高火灾应对能力。

6. 加强监测预警

（1）具有一定规模的电动自行车棚应当安装具有自动识别、预警功能的24小时视频监控系统，实时监控电动自行车棚的安全状况。

（2）鼓励安装电气火灾监控系统，实现电气火灾自动监测预警，及时发现并消除电气火灾隐患。

7. 强化日常管理

（1）每日组织开展防火巡查、夜间巡查，每月对车棚的充电设施、消防设施等开展一次检查，及时通知专业人员维修、维护。

（2）对电动自行车占堵消防通道与安全出口、私接电线充电、长时间过度充电等行为及时进行劝阻，及时清理久放不用的"僵尸"车辆。

（3）利用宣传栏、楼宇电视、户外大屏等载体，常态化开展电动自行车火灾案例警示性宣传和消防安全科普教育。

案例

某物业小区电动自行车管理

××小区居住人口3000多户，电动自行车保有量超过1500台，由于充电桩建在架空层，所以电动自行车停放在架空层的现象屡禁不止，造成很大的消防安全隐患。

在严峻的形势下，物业服务中心不得不采取严格的管控措施来保障小区业主的生命财产安全。一边是业主停车需求，另一边是消防安全要求，如何解决两者的矛盾呢？

在2023年下半年，物业服务中心将小区电动自行车治理提上日程，在社区党建引领与热心业主的支持下，街道与社区领导、消防救援队、业主代表、物业四方多次召开专题议事沟通会。同时,物业服务中心内部也举行了头脑风暴会议,征集电动自行车管控的好点子,最终决定将电动自行车停在小区外部。

一部分业主支持禁止电动自行车入小区,另外一部分业主则反对,认为将电动自行车停放在外围,要走一段路才能到家,很不方便。面对意见分歧,小区物业服务中心的楼栋管家积极联合社区党建物管专干、小区党员、热心居民等成立志愿服务队,深入开展线下入户解释、线上楼栋讲解等活动。

物业管家、保安员积极化身"宣讲员",向广大业主讲明其中的利弊:小区内充电桩需离建筑6米远,架空层需达到2级防火标准,多数小区都不具备停放电动自行车的条件。电动自行车进小区不仅碾压绿化,容易撞到行人,而且影响交通秩序。最重要的一点是,电池不合规或违规充电都会引发火灾事故。

2024年1月8日,物业服务中心发布了关于禁止电动自行车进小区的意见征询通知,启动了意见征询程序,经过物业工作人员20多个日夜的电话沟通、上门拜访和资料审核,终于完成全体业主表决意见的收集。小区总户数3075户,参与表决业主共2307户,参与表决总面积182488.8平方米,同意户数1866户,占比80.88%;同意的票权面积148947.93平方米,占比81.62%。户数和专有部分面积均超出总量的2/3,表决结果符合《中华人民共和国民法典》的相关规定。2024年1月30日,物业服务中心向全体业主公示了表决结果。

在一个月的公示期内,物业服务中心开始在小区外围选址,合理划设停车位,开辟电动自行车停放区。近十个电动自行车停放点总共可以满足一千多辆电动自行车停放,合理地分布在主入口、次入口周边,商业街、小区红线与市政道路临界区,极大地方便了业主存取。棚架式的电动自行车充电区还配备了自动感应喷淋系统、悬挂式干粉灭火装置、手持瓶装液体灭火器。同时,物业服务中心落实定期安全巡查制度,始终将消防安全放在首要位置。

3月,物业服务中心开始对小区内的电动自行车进行有序转移。3月1日至10日,小区内的电动自行车只出不进,保安员和社区义工一起引导业主将电动自行车移至外围停放。并对小区原有的电动自行车停放点进行了电源隔离处置。同时在小区出入口和单元架空层的显著位置粘贴禁入和禁停标识。3月11日,物业服务中心将88辆无人认领的电动自行车,集中转移到了外围。至此,小区的电动自行车全部转移完毕。

小区外围电动自行车集中停放区

第五节　物业消防安全检查

物业服务企业应定期进行消防安全检查,并建立监控体系,确保物业区域监控无死角。同时,明确消防安全检查的形式和流程、标准和要求,确保检查工作的系统性和规范性。

一、日常消防安全检查的内容与标准

1. 日常消防安全检查的内容

日常消防安全检查的内容如表 6-7 所示。

表 6-7　日常消防安全检查的内容

序号	检查项目	检查内容
1	消防通道和疏散通道	(1) 消防通道和疏散通道是否畅通,有无堆放杂物、堵塞现象 (2) 消防通道和疏散通道的标识是否清晰,有无遮挡、损坏 (3) 消防通道和疏散通道的照明是否正常,有无损坏、漏电等情况
2	消防设施	(1) 消火栓、灭火器、喷淋系统等消防设施是否完好,是否过期失效 (2) 消防设施的标识是否清晰,有无损坏、脱落 (3) 消防设施是否定期检查、维护

续表

序号	检查项目	检查内容
3	消防安全标识	（1）楼道、消防通道、消防设施等处的消防安全标识是否完整，有无损坏、褪色 （2）消防安全标识的位置是否合理，有无遮挡
4	电气安全	（1）电路、插座、开关等电气设施是否正常，有无老化、漏电、短路等情况 （2）电气线路是否整齐有序，有无混乱、交叉现象 （3）电气设施周围有无易燃易爆物品，有无安全隐患
5	防火隔离	（1）楼道、走廊、防火门等防火隔离设施是否完好，有无损坏、渗漏现象 （2）防火隔离区域内有无易燃易爆物品，有无违规行为
6	楼道与走廊	（1）楼道、走廊是否有堆放杂物、私搭乱建、堵塞等现象 （2）楼道、走廊是否有自行车、垃圾桶等物品摆放，影响疏散

2. 日常消防安全检查的标准

（1）设施完好性：确保所有消防设施、器材均处于完好状态，能够正常使用。

（2）标识清晰度：消防安全标识应清晰可见，位置合理，无遮挡。

（3）通道畅通性：消防通道和疏散通道应始终保持畅通，无堵塞现象。

（4）电气安全性：电气设施应符合安全标准，无老化、漏电等安全隐患。

（5）防火隔离有效性：防火隔离设施应完好有效，能够阻止火势蔓延。

（6）记录完整性：各项检查、演练等应有完整的记录，方便日后查阅和追溯。

物业服务企业应确保日常消防安全检查工作有效实施，及时发现并消除火灾隐患，保障小区业主的生命财产安全，如图6-21、图6-22所示。

图 6-21　消防标识检查

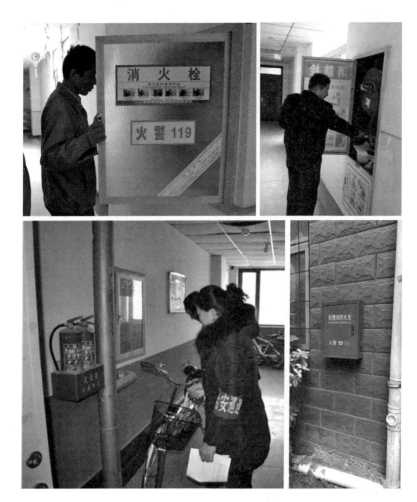

图 6-22　消防设施检查

二、消防安全检查的组织形式

消防安全检查是一项长期性、经常性的工作，可采取日常检查和重点检查、全面检查与抽样检查相结合的方式。

1. 专职部门检查

物业服务企业应对小区的消防安全进行分类管理，并落实责任人或责任部门。一般情况下，每日由小区防火督查员对小区的消防安全进行巡查，每周由班长对小区的消防安全进行抽检，并向上级部门报告检查情况。

2. 各部门自查

（1）日常检查

物业服务企业应建立健全岗位防火责任制，由消防安全员、班组长对所属区域重点部位进行检查。必要时可对一些易发生火灾的部位进行夜间检查。

（2）重大节日检查

在元旦、春节等重要节假日前，应对消防设备设施、消防供水和消防通道等进行重点检查，并制定重大节日消防保卫方案。节假日期间，大部分业主休假在家，用电、用火增加，应注意对电气设备及负载进行检查，同时做好居家消防安全宣传。

（3）重大活动检查

在举行大型社区活动时，应制定消防保卫方案，完善各项消防保卫措施。

三、消防安全检查的基本程序

（1）按照部门确定的巡查路线和部位进行检查。

（2）将检查情况进行综合分析，并提出整改意见和措施。

（3）检查出的消防问题应在规定时间内整改。对于不及时整改的部门或人员，应给予严肃处理。

（4）将检查情况进行记录存档，分析总结，并形成安全检查报告。

四、消防安全检查的要求

（1）深入楼层对重点部位进行检查，必要时可进行系统调试和试验。

（2）检查公共通道的物品堆放情况，做好电气线路及配电设备的检查。

（3）对重点设施设备和机房进行深层次检查，发现问题立即整改。

（4）发现消防隐患，立即处理。

（5）应注意检查容易忽略的消防问题，如单元门及通道前堆放单车和摩托车、过道塞满物品、疏散楼梯间应急指示灯不亮、配电柜（箱）周围堆放易燃易爆物品等。

下面是某物业公司消防安全检查的一些范本，仅供参考。

【范本 6-01】

消防设施定期检查记录表

检查项目		检查内容	运行状态	故障及处理		
				故障描述	当场处理情况	报修情况
消防供配电	消防配电	测试主备电切换情况				
	自备发电机	测试发电机启动情况				
	储油设施	核对储油量				
火灾报警系统	火灾报警探测器	测试报警功能				
	手动报警按钮	测试报警功能				
	警报装置	测试警报功能				
	报警控制器	测试报警功能、火灾优先功能、打印机打印功能、火灾显示盘和CRT显示器的显示情况				
	消防联动控制器	测试联动控制和显示情况				
消防供水设施	消防水池	核对储水量				
	消防水箱	核对储水量				
	消防水泵	测试启泵和主备泵切换情况				
	管网阀门	测试管道阀门启闭功能				
消火栓（消防炮）灭火系统	室内消火栓	测试消火栓出水和静压情况				
	室外消火栓	测试消火栓出水和静压情况				
	消防炮	测试消防炮出水情况				
	启泵按钮	测试远距离启泵功能				
自动喷水灭火系统	报警阀组	测试放水阀放水及压力开关动作信号				
	末端试水装置	测试末端放水及压力开关动作信号				
	水流指示器	核对反馈信号				
泡沫灭火系统	泡沫液储罐	核对泡沫液有效期和储存量				
	泡沫栓	测试泡沫栓出水或泡沫情况				

续表

检查项目		检查内容	运行状态	故障及处理		
				故障描述	当场处理情况	报修情况
气体灭火系统	瓶组与储罐	核对灭火剂储存量				
	气体灭火控制设备	模拟自动启动，测试相关联动功能				
机械加压送风系统	风机	测试启动风机情况				
	送风口	核对送风口风速				
机械排烟系统	风机	测试启动风机情况				
	排烟阀、电动排烟窗	测试启动排烟阀、电动排烟窗情况；核对排烟口风速				
应急照明		切断正常供电，测量照度				
疏散指示标识		切断正常供电，测量照度				
应急广播系统	扩音器	测试联动启动和强制切换功能				
	扬声器	测试音量、音质				
消防专用电话		测试通话质量				
防火分隔	防火门	测试启闭功能				
	防火卷帘	测试手动、机械应急和自动控制功能				
	电动防火阀	测试联动关闭功能				
消防电梯		测试按钮迫降和联动控制功能				
灭火器		核对类型、压力和有效期				
其他设施						

测试人（签名）：
日期：

测试单位（盖章）：
日期：

消防安全责任人或消防安全管理人（签名）：
日期：

注：1. 运行情况正常打"√"，存在问题或故障打"×"。
2. 发现问题应及时处理，当场不能处置的要填报"消防设施故障处理记录"。
3. 本表为样表，各管理处可根据实际情况制表。

【范本 6-02】

推车灭火器检查表

管理单位：　　　　　　　　　　　　　　　　管理者：
编　号：　　　　　　　　　　　　　　　　　　年　度：

检查项目	月份											
	1	2	3	4	5	6	7	8	9	10	11	12
灭火器托架												
机筒												
药剂												
推车位置												
周围环境												
喷嘴管												
检查人												
重量检测	重量：　　千克				检测人：				称重时间：			

备注：1. 一经开启使用，必须充装、检修。
　　　2. 禁止任意移动、使用灭火器。
　　　3. 检查正常打"√"，异常打"×"。
　　　4. 每年称重一次并记录在案；年泄漏量超过 5%，需要查明原因并重新充装。

【范本6-03】

手提灭火器定期检查表

管理单位：　　　　　　　　　　　　　　　　　　　管理者：
编号：　　　　　　　　　　　　　　　　　　　　　　年度：

检查项目	月份											
	1	2	3	4	5	6	7	8	9	10	11	12
灭火器托架												
机筒												
提手把												
药剂												
安全插栓												
周围环境												
喷嘴、罐体												
检查者												
重量检测	重量：　　千克				检测人：			称重时间：				

备注：1. 一经开启使用，必须充装、检修。
　　　2. 禁止任意移动、使用灭火器。
　　　3. 检查正常打"√"，异常打"×"。
　　　4. 每年称重一次并记录在案；年泄漏量超过5%，需要查明原因并重新充装。

【范本6-04】

每周防火巡查记录表

单位：　　　　　　　　　　　　　　年　　月

序号	巡查内容	巡查情况	处理情况
1	消防通道（含疏散通道、安全出口、楼道、小区消防道路等）是否保持畅通		
2	安全疏散指示标识、应急照明灯具是否完好		
3	各层消防通道防火门是否常闭		
4	消防器材和消防安全标识是否齐全完整		
5	灭火器的药剂是否在有效期内		
6	消防机房内各项器材是否齐全		
7	稳压泵房电源是否正常，设备是否正常		
8	防火门周围是否无杂物堆放，不影响使用		
9	消防水源是否保持充足		
10	消防自动警报系统是否运转正常		
11	重要部位是否无使用明火及存放易燃易爆物品的现象		
巡查人		巡查时间	

说明：没有发现问题在巡查情况栏内打"○"，发现问题要详细记录并反馈给相关人员。

【范本6-05】

消防安全日巡查记录表

年　　月

项目	日期					
	1	2	3	……	30	31
监控设备完好情况						
疏散通道是否畅通						
安全出口是否畅通						
安全指示标识是否清晰						
灭火器完好情况						
消火栓完好情况						
其他问题						

注：1. 符合标准打"√"，不符合打"×"。
　　2. 检查中发现问题，要做好登记并及时上报公司行政办，予以处理。

巡查人员：　　　　　　　　　　　　　　消防安全管理人：

【范本6-06】

每日防火巡查记录表

巡查时间	年　月　日　时　分		巡查人	
巡查部位：				
发现的火灾隐患及采取的措施或处理结果：				
整改人签名			整改日期	
消防安全管理人签名			日期	

学习笔记

通过学习本章内容,想必您已经有了不少学习心得,请详细记录下来,以便后续巩固学习。如果您在学习中遇到了一些难点,也请如实记下来,以便今后进一步学习,彻底解决这些问题。

我的学习心得:

1. _____
2. _____
3. _____
4. _____
5. _____

我的学习难点:

1. _____
2. _____
3. _____
4. _____
5. _____

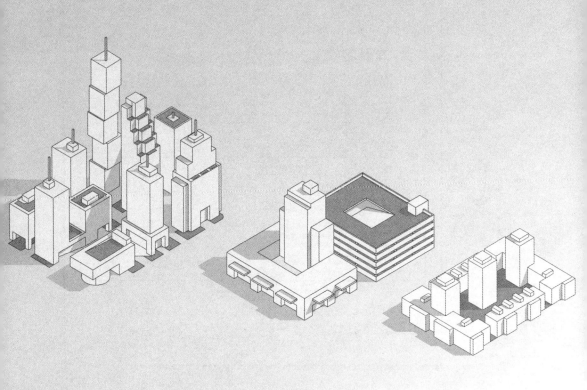

第七章
Chapter seven

物业安全应急响应机制

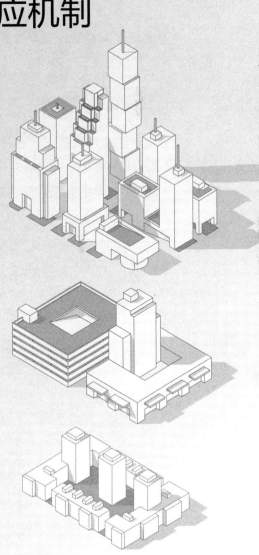

第一节　应急管理体系的构建

第二节　应急预案的制定

第三节　应急演练的开展

第四节　应急预案的持续评审与改进

>>>>> **培训指引**

为确保面对突发事件时能够迅速、有效地处置，物业服务企业应构建完善的物业安全应急响应机制。物业安全应急响应机制应包括应急管理体系构建、应急预案制定、应急演练开展以及应急预案持续评审与改进等内容。

第一节 应急管理体系的构建

应急管理体系是物业安全应急响应机制的基础，包括组织架构、职责分工、报警程序、应急物资配备等要素。

一、组织架构及职责

物业服务企业应构建应急管理体系组织架构，并明确职责、合理分工，以确保各项工作有序开展。

下面是××物业公司应急管理体系组织架构及职责的范本，仅供参考。

【范本7-01】▶▶▶

××物业公司应急组织架构及职责

一、组织架构

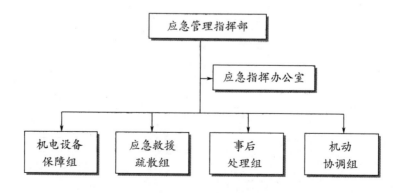

二、职责说明

应急组织成员的职责说明

序号	成员	职责说明
1	应急管理指挥部	（1）负责制定应急处置预案 （2）负责统一部署应急管理工作，以及紧急处理措施 （3）负责物资、设备、人员和场地的调配 （4）负责人员和物资的疏散 （5）负责配合上级部门进行事故调查 （6）负责稳定生产，做好伤亡人员的善后工作 （7）负责组织开展预案演练，及时对预案进行修订和补充
2	应急指挥办公室	应急指挥部办公室是应急管理指挥部的日常办事机构，负责协助应急管理指挥部开展各项工作
3	机电设备保障组	深入事故发生中心区域，关闭系统，抢修设备，降低事故损失，并确保通信畅通
4	应急救援疏散组	（1）负责维护治安，有序疏散人员，控制事故区域人员、车辆进出 （2）负责受伤人员的救护工作 （3）参加事故调查
5	事后处理组	（1）负责急救行动提供物质保证其中包括应急抢险器材、救援防护器材、监测分析器材等 （2）负责组织落实救援人员后勤保障和善后处理工作
6	机动协调组	（1）负责及时将所发生的事故情况报告主管 （2）负责向上级部门报告，并负责联络相关救援人员及时到位 （3）负责对受伤人员实施医疗救护，提供运送车辆，联系确定治疗医院，办理相关手续 （4）负责提出危险品储存区域及重点目标的建议 （5）负责各专业救援组与总调度室和领导小组之间的通信联络 （6）负责配合重大事故调查工作

三、报警级别与报警程序的设定

1. 报警程序的级别与级别界定

（1）报警程序的分级原则

报警程序的分级原则如下图所示。

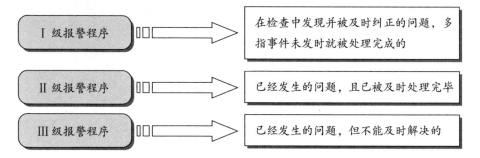

报警程序的分级原则

（2）报警级别的界定

不同报警程序启动的界定条件如下表所示。

不同报警程序启动的界定条件

序号	界定条件	具体说明
1	启动Ⅰ级报警程序	凡事件符合以下任意一条原则的，即可启动Ⅰ级报警程序 （1）有重大隐患，但在事件未发生时已被得到纠正和整改 （2）事件已发生，但没有带来任何人员伤亡和经济损失，同时造成事故的原因或隐患被立即整改到位，未有投诉产生，且对××项目未带来任何不利的影响
2	启动Ⅱ级报警程序	凡事件符合以下任意一条原则的，即可启动Ⅱ级报警程序 （1）该事件的发生造成了经济损失，但金额在1000元以下的 （2）没有重大人员伤亡的，或轻伤人员少于2人（不含2人）的 （3）造成的事故原因或隐患已在当时被立即整改到位的 （4）有投诉产生，或在一定范围内造成了小面积影响，但影响已被控制的
3	启动Ⅲ级报警程序	凡事件符合以下任意一条原则的，即可启动Ⅲ级报警程序 （1）造成的经济损失在1000元以上的 （2）有重大人员伤亡，或伤亡数量在2人以上的（含2人） （3）造成事故的原因或隐患不能立即被整改排除的 （4）有重大投诉发生，在××项目内或社会上造成恶劣影响的

2.报警程序的启动

值班经理或部门负责人在接到报警后,视情况决定启动相应级别的报警程序,如下图所示。

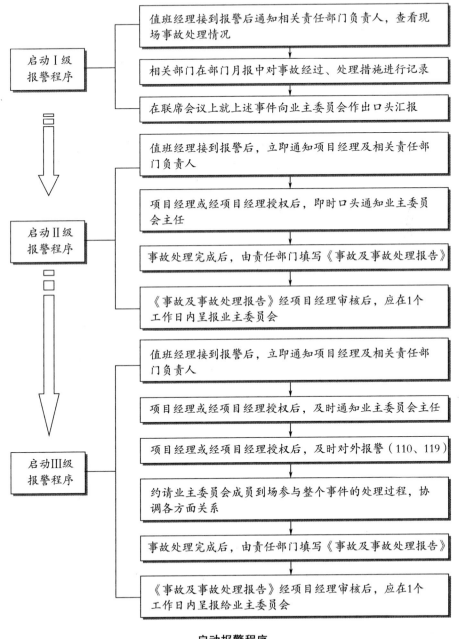

启动报警程序

二、应急物资配备

为了保证能够尽快排除故障和险情,物业服务企业应配备必要的应急物资。

1. 常用应急物资

常用的应急物资如图 7-1 所示。

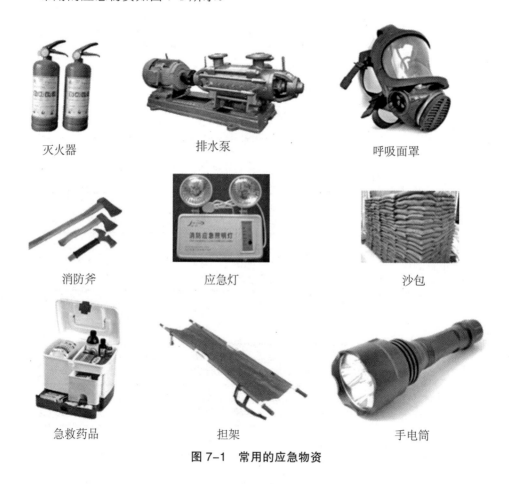

图 7-1　常用的应急物资

2. 应急物资的管理

(1)应急物资必须存放在固定的地点,以方便拿取,并标有"应急物资"等字样。使用后应及时补充,以保持规定的数量。

(2)应急物资不得挪作他用。

(3)应根据应急物资的用途以及特性,制定相应的检查计划。

（4）责任部门应按计划定期对应急物资进行核查，保证其始终处于完好有效状态。

表 7-1 所示为某物业管理处的应急物资一览表，仅供参考。

表 7-1 应急物资一览表

序号	名称	数量	存放地点	责任部门
1	沙袋	6 个	××两墙北侧	秩序维护部
2	沙袋	6 个	××两墙南侧	秩序维护部
3	大线轴	1 个	机电维修部	机电维修部
4	应急灯	1 个	秩序维护部办公室	秩序维护部
5	应急灯	2 个	机电维修部办公室	机电维修部
6	泄水软管	1 根	机电维修部办公室	机电维修部
7	雨衣	3 件	环境管理部休息室	客户服务中心
8	雨鞋	3 双	环境管理部休息室	客户服务中心
9	竹扫帚	10 把	环境管理部休息室	客户服务中心
10	雨衣	5 件	秩序维护部宿舍	秩序维护部
11	雨鞋	6 双	秩序维护部宿舍	秩序维护部
12	移动水泵	1 个	机电维修部办公室	机电维修部

第二节 应急预案的制定

应急预案是指为了保障物业人员在服务过程中能够快速有效地应对各种突发事件和紧急情况而制定的方案。

物业服务企业应全面考虑各类风险因素，制定科学合理的应对措施，以确保突发事件发生时能够迅速响应，并将损失降到最低。

一、应急预案制定的依据

1. 法律依据

（1）国家有关的物业安全管理法规、规章与规范性文件等。

（2）保安服务公司与物业服务企业签订的保安合同。

（3）物业服务企业制定的安全管理制度和安全操作规程等。

2. 注意事项

（1）实践证明，已经发生过的案件、事件、事故，只要具备某些因素、条件，就可能再次发生。

（2）根据社会矛盾多元化、复杂性和易于激化等特点，可能发生新的案件、事件、事故。

二、应急预案的主要内容

具体来说，应急预案应包括以下几个方面的内容。

1. 目的

应急预案是实践性、应用性和操作性都很强的实战型方案，因此必须有明确的目的，这也是应急预案制定的出发点。值得注意的是，在大型物业公司，还可以在总预案基础上制定若干分预案，以保证任务能顺利完成。

2. 指导思想

物业应急预案的指导思想包括图 7-2 所示的三方面内容。

内容一	确保业主和员工的安全
内容二	强调快速、有效的原则
内容三	任何紧急情况的处置都属于初期处置，要由公安等相关部门进行最终处置。这是由于保安职责权限的有限性所决定的

图 7-2　物业应急预案的指导思想

3. 处置范围

应急预案的处置范围如图 7-3 所示。

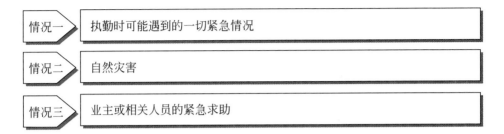

图 7-3　应急预案的处置范围

4. 组织与分工

应急处置都带有紧急性，因此，合理的组织与分工，更能体现应急预案的有效性。

（1）应根据统一领导、分层实施的原则，建立应急指挥部，同时设立指挥、副指挥和相关工作人员。

（2）任务分工。任务分工从纵向与横向两方面展开。纵向包括指挥部与分指挥部、各作战小组的分工；横向包括紧急处置中的任务分工，如指挥调度、通信联络、信息沟通、现场控制、现场警戒、初期处置、疏散人员、救护伤者、事件调查等，要求权责明确，合理分工。

组织与分工的顺畅运作，就是将纵向与横向有机地结合起来。做到组织周密，任务明确，人人有事做，事事有人管，有效堵住各种管理漏洞。

5. 应急措施

应急预案一般包括以下应急措施。

（1）核实情况，迅速报警。

（2）封锁现场。

（3）控制现场，划定警戒范围。

（4）采用应急物资进行初期处置。

（5）有序疏散无关人员。

（6）保护现场，保留证据。

（7）向警方汇报现场工作情况、提供线索。

（8）控制犯罪嫌疑人员。

（9）抢救现场伤者。

（10）保持现场通信畅通。

（11）为现场处置的公安、医疗、消防等人员提供各种帮助。

6. 注意事项

在应急处置过程中，参与人员应注意以下事项。

（1）依法处置。例如，不能在抓住小偷后暴打，造成伤亡后果要承担刑事责任。

（2）高度负责，分工协作。既要认真完成自己的任务，还要为他人提供协助和支援。

（3）严格遵守请示、报告制度。遇到处理不了的事情，立即请示上级，不要自作主张。在自行处置过程中，随时向上级报告工作进展。

（4）服从命令，听从指挥。

（5）保护业主合法权益，不要因为应急处置而侵犯业主的合法权益。

（6）注意保护自身安全，必要时可进行正当防卫。

（7）其他注意事项，应根据预案内容适当调整。

三、应急预案编制的核心要素

在编制物业安全应急预案时，应注重的是预案应包括哪些内容，才能适应应急活动的需要。因为应急预案是整个应急管理工作的具体反映，它的内容不仅限于事故发生过程中的应急响应和救援措施，还应包括事故发生前的各种应急准备和事故发生后的现场恢复，以及预案的管理与更新等。因此，完整的物业安全应急预案编制应包括六个一级关键要素。

1. 方针与原则

不管是哪种应急救援体系，都必须有明确的方针和原则作为开展应急救援工作的纲领。方针与原则反映了应急救援工作的优先方向、政策、范围和总体目标，应急的策划和准备、应急策略的制定和现场应急救援及恢复，都应当围绕方针和原则开展。

事故应急救援以预防为主，贯彻统一指挥、分级负责、区域为主、单位自救和社会救援相结合的原则。在事故应急救援中,预防工作是基础,除了要做好平时的事故预防工作,减少事故发生的可能性外,还要落实好救援工作的各项准备措施,充分做好各项准备工作,万一出现事故就能及时实施救援。

2. 应急策划

应急预案最重要的特点是要有针对性和可操作性。在制定应急预案时,必须明确预案的对象和可用的应急资源情况,即在全面系统地认识和评价所针对的潜在事故类型的基础上,识别出重要的潜在事故及其性质、区域、分布及事故后果。同时,根据危险分析的结果,分析评估现有的应急救援力量和资源情况,为所需的应急资源准备提供建设性意见。在进行应急策划时,应当列出国家、地方相关的法律、法规,作为制定预案和应急工作授权的依据。

3. 应急准备

对于发生可能性较大的应急事件,应做好充分的准备工作。能否成功地在应急救援中发挥作用,取决于应急准备是否充分。应急准备基于应急策划的部署,明确所需的应急组织及其职责权限、应急队伍的建设和人员培训、应急物资的准备、预案的演习、公众的应急知识培训和签订必要的互助协议等。

4. 应急响应

物业管理服务公司应急响应能力的体现,包括需要明确并实施在应急救援过程中的核心功能和任务。这些核心功能既相互独立,又互相联系,构成应急响应的有机整体,共同达到应急救援目的。

应急响应的核心功能和任务包括:接警与通知、指挥与控制、报警和紧急公告、通信、事态监测与评估、警戒与治安、人群疏散与安置、医疗与卫生、公共关系、应急人员安全、消防和抢险、泄漏物控制等。

根据企业风险性质的不同,需要的核心应急功能也可有一些差异。

5. 现场恢复

现场恢复是事故发生后期的处理,如泄漏物的污染处理、伤员的救助、后期的保险索赔和生产秩序的恢复等一系列问题。

6. 预案管理与评审改进

应急预案管理与评审改进强调在事故后(或演练后)对预案不符合和不适宜

的部分进行不断的修改和完善，使其更加适宜于现实应急工作的需要。但预案的修改和更新，要有一定的程序和相关评审指标。

四、应急预案的制定步骤

1. 撰写预案

确定具体的工作目标、阶段性时间表和工作任务清单，并落实到具体的部门和人员。同时，确定所需的资源和存在的问题；确定应急预案各章节的最佳结构。

2. 与外部机构协调一致

制定应急预案的过程中要与地方政府和社区机构相沟通，如果这些机构有具体要求，也应将相关建议与意见纳入应急预案。

与外部机构沟通的内容，包括企业应急响应的渠道，汇报的程序，外部机构和人员的联系方式，紧急情况下哪些权力部门应该进入现场等。

3. 评估和修订

将应急预案第一稿发放给编写组各成员审校，对不合理之处进行修订。然后，开展桌面推演，管理人员和应急管理人员参与，充分讨论之后，确定应急预案的最终稿。

4. 批准和发布

将应急预案呈报企业最高领导人员审批，经批准后将应急预案装订好并逐一编号，发放给应急小组每个成员知悉。

第三节　应急演练的开展

应急演练是检验应急预案可行性和有效性的重要手段。通过模拟真实场景，能够发现应急预案中的不足，还可以提高员工的应急处置能力。物业服务企业应定期开展应急演练，加强应急指挥部及各成员之间的协同配合，提高应对突发事件的响应速度，为业主提供一个安全、稳定的居住环境。

一、应急演练的目的

应急演练有五大目的，如表 7-2 所示。

表 7-2 应急演练的目的

序号	演练目的	具体说明
1	检验预案	通过开展应急演练,可以查找应急预案中存在的问题,进而完善应急预案,提高应急预案的可用性和可操作性
2	做好准备	通过开展应急演练,检查应急队伍、物资、装备、技术等方面的准备情况,发现不足及时予以调整、补充,做好应急准备工作
3	锻炼队伍	通过开展应急演练,增强参与单位和人员对应急预案的熟悉程度,提高应急处置能力
4	完善机制	通过开展应急演练,进一步明确相关单位和人员的职责,完善应急机制
5	科普宣传	通过开展应急演练,普及应急知识,提高员工的风险防范意识和自救互救能力

二、应急演练的基本要求

应急演练的基本要求如表 7-3 所示。

表 7-3 应急演练的基本要求

序号	演练要求	具体说明
1	结合实际,合理定位	结合应急管理工作实际,明确演练目的;根据现有资源,确定演练方式和规模
2	着眼实战,讲求实效	以提高指挥人员的协调能力、应急队伍的实战能力为着重点,重视对演练效果的评估,并总结经验,及时整改存在的问题
3	精心组织,确保安全	围绕演练目的,精心策划演练活动,确定演练人员、时间、地点、步骤等内容,严格遵守相关规定,确保演练参与人员及演练装备设施的安全
4	演练结束要评估	应急演练结束后,应对演练过程进行评估,并填写应急预案评审记录

三、应急演练的参与人员

演练的参与人员包括参演人员、控制人员、模拟人员、评价人员、观摩人员等，各自的任务如表 7-4 所示。

表 7-4　演练参与人员的任务

序号	参与人员	参与任务
1	参演人员	实施演练计划的应急人员，具体任务： （1）救助伤员或被困人员 （2）保护财产或公众安全 （3）领用各类应急资源 （4）与其他人员协同处理重大事故或紧急事件
2	控制人员	即控制演练进度的人员，具体任务： （1）确保演练项目得到充分实施 （2）确保演练任务量和挑战性 （3）确保演练进度 （4）解答演练过程中的问题 （5）保障演练过程的安全
3	模拟人员	模拟紧急事件的相关过程或人员，具体任务： （1）扮演与应急指挥中心、现场应急指挥相互协作的外部机构或部门人员 （2）模拟事故的发生过程（如释放烟雾、模拟气象条件、模拟泄漏等） （3）模拟受害或受影响的人员
4	评价人员	负责观察演练过程并予以记录的人员，具体任务： （1）观察参演人员的应急处置，并记录演练结果 （2）协助控制人员，确保演练计划顺利开展
5	观摩人员	来自有关部门、机构的旁观演练过程的人员

四、制订应急演练计划

1. 年度演练计划

为了确保应急演练有序开展，物业服务企业应制订年度演练计划，明确应急预案名称、计划演练时间、演练方式、演练目的、组织部门、配合部门、应急物资准备等内容。

下面提供一份××物业服务企业制订的年度应急预案演练计划的范本，仅供参考。

【范本7-02】

20××年度应急预案演练计划

序号	应急预案名称	计划演练时间	演练方式	演练目的	组织部门	配合部门	应急物资准备
1	消防应急预案	2月	实战演练	扑灭初级火灾，掌握消防器材使用方法	机电维修部	机关各部室及各项目部	25千克与8千克干粉灭火器各4个，25千克二氧化碳灭火器2个，消防桶20个，消防钩2个
2	意外伤害应急预案	3月	部分实战演练	熟悉救援程序与紧急救护知识	机电维修部	各项目部	氧气袋2个，外伤急救药品和中暑急救药品若干
3	集体食物中毒应急预案	5月	桌面演练	熟悉紧急救护程序	机电维修部	各项目部	
4	突发性自然灾害应急预案	8月	桌面演练	熟悉地震、洪水、泥石流等灾害下撤离和自救程序	机电维修部	各项目部	担架2副，外伤急救药品若干
5	意外伤害应急预案	10月	部分实战演练	熟悉救援程序与紧急救护知识	机电维修部	各项目部（针对临时雇佣人员）	氧气袋2个，外伤急救药品和中暑急救药品若干
6	交通事故应急预案	12月	实战演练	熟悉紧急救助和报警程序	综合办公室	各项目部	急救箱2个

编制：×××　　　　　　　　　　　批准：×××

2. 专项演练计划

专项演练计划就是针对某一具体项目的演练计划，包括演练目的、时间、地点、参演人员、演练项目、演练过程等内容。以下为消防应急演练计划的模板，其他应急演练计划可参照制作。

消防应急演练计划

一、演练地点：

二、演练时间：

三、演练目的：

四、演习项目：

1. 人员疏散
2. 救护伤员
3. 使用灭火器灭火
4. 连接消防水带

五、应急演练组织成员

1. 应急演练总指挥：
2. 应急演练副总指挥：
3. 联络组：

组长：   组员：

4. 消防突击组：

组长：   组员：

5. 疏散组：

组长：   组员：

6. 救护组：

组长：   组员：

7. 保卫组：

组长：   组员：

8. 后勤组：

组长：   组员：

六、人员分工：

1.
2.
3.
4.

七、应急演练前的准备工作：

1.
2.
3.
4.

八、演练程序：

1.
2.
3.
4.

五、应急演练的实施

应急演练的实施,一般有以下几个步骤。

1. 应急演练方案的批准

物业服务企业应提前一个月将应急演练方案上报业主委员会,经批准后,向公安消防部门备案。

2. 发布应急演练的通知

在应急演练实施两周前,应向物业区域的业主发出演练通知。在应急演练开展的前两日,在公共区域张贴告示,进一步提示业主应急演练的相关事宜。

3. 对应急演练进行分工

物业服务企业应对应急演练内容进行分工,落实到具体的部门或人员。

下面提供一份××物业管理处消防演练内容分工的范本,仅供参考。

【范本7-03】

××物业管理处消防演练内容的分工

序号	人员分工	工作内容
1	灭火总指挥	(1)向消防值班人员或其他相关人员了解火灾的基本情况 (2)指挥消防值班人员启动相应消防设备 (3)指挥物业员工根据分工迅速就位 (4)掌握火场扑救情况,指挥灭火队采取适当方式灭火 (5)指挥抢救队采取相应措施 (6)掌握消防系统运行情况;协助消防机关查明原因;处理火灾后的有关事宜
2	灭火副总指挥	在灭火总指挥不在现场时履行总指挥的职责;配合灭火总指挥的工作;根据总指挥的意见下达指令
3	现场抢救队和运输队	本着先救人、后救物的原则,抢救伤员和物品;运送伤员到附近的医院进行救治;运送火场急需的灭火用品
4	外围秩序组	维护火灾现场外围秩序,指挥疏散业主,保证消防通道畅通保护好公共物品

续表

序号	人员分工	工作内容
5	综合协调组	负责引导消防车，保证火灾现场、外围与指挥中心的联络
6	现场灭火队	负责火灾现场灭火工作
7	现场设备组	负责火灾现场灭火设备、工具的准备
8	机电、供水、通信组	确保应急电源供应，切断非消防供电；启动消防泵，保证消防应急供水；确保消防电话和消防广播畅通；确保消防电梯正常运行，其他电梯返降一层停止使用；启动排烟送风系统，保持加压排烟

4. 应急演练前的培训、宣传

应对物业员工进行应急演练方案的培训，使每个员工都能熟练掌握自己的职责分工、演练程序和注意事项。在演练前，应采用挂图、录像、板报、条幅等形式对业主进行宣传，如图7-4所示。

图7-4　应急演练的宣传

5. 做好演练的准备工作

在应急演练开展前一周内，应检查各设备设施的运行状态如播放设备、电梯设备、供水设备、机电设备等；同时准备通信设备、救护设备和用品等，确保所有设备、器材均处于良好状态，如图7-5所示。

图 7-5　演练用灭火器

6.应急预案演练的实施

表 7-5 所示为某物业公司火灾应急演练的实施步骤。

表 7-5　某物业公司火灾应急演练的实施步骤

序号	实施步骤	具体说明
1	宣布演练开始	开启广播，通知业主应急演练开始
2	人员就位	各灭火小组开始行动，按分工开展灭火、疏散、抢救等工作
3	设备就位	电梯停到一层，启动消防梯，所有消防设备进入灭火状态
4	模拟演练	物业人员进行疏散演练、灭火器实喷演练、抛接水龙带演练、救护演练、模拟报警训练等，并邀请业主观看或参与
5	宣布演练结束	用消防广播通知业主应急演练结束，电梯恢复正常，并感谢业主、宾客的参与
6	演练总结	应急演练结束后，各灭火小组对演练工作进行总结，向业主收集应急演练的意见，找出存在的问题，并对演练方案中的不合理之处进行改进

第四节　应急预案的持续评审与改进

一、评审的时间

企业的应急预案至少每年评审一次。除此之外，在某些特定的时间，也需要对应急预案进行评审和修订，如每次演练之后、紧急事件发生后、人员或职责发生变动后、企业布局和设施发生变化后以及政策或程序发生变化后等。

二、评审的内容

（1）在对紧急事件进行分析时，注意应急预案的潜在的问题是否得到充分的重视。

（2）应急管理人员和响应人员是否理解各自的职责。

（3）企业的风险有无变化。

（4）应急预案是否根据企业变化而更新。

（5）企业的布置图和记录是否为最新。

（6）新成员是否经过培训。

（7）企业的培训是否达到目的。

（8）预案中的人员姓名、职务和电话是否正确。

（9）是否将应急管理融入企业的整体管理中。

（10）外部机构和组织在应急预案里面是否适当体现，是否参与了应急预案的评审。

三、评审结果的处理

1. 不足项

不足项是指在演练过程中所识别出的应急准备缺陷，可能导致紧急事件发生时应急组织不能采取合理应对措施确保公众的安全。

不足项应在规定的时间内予以纠正。导致不足项的要素如图 7-6 所示。

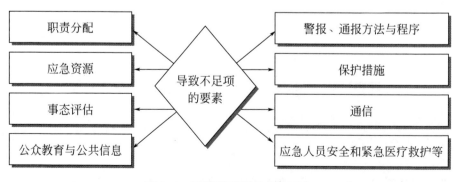

图 7-6　可能导致不足项的要素

2. 整改项

整改项是指在演练过程中识别出的单独可能在应急救援中对公众安全与健康造成不良影响的缺陷。整改项应在下次演练前进行纠正。

图 7-7 所示的整改项可列为不足项。

图 7-7 可列为不足项的整改项

3. 改进项

改进项是指应急准备过程中应予以改善的问题。改进项不会对人员安全与健康产生严重影响，可视情况改进。

学习笔记

通过学习本章内容,想必您已经有了不少学习心得,请详细记录下来,以便后续巩固学习。如果您在学习中遇到了一些难点,也请如实记下来,以便今后进一步学习,彻底解决这些问题。

我的学习心得:

1. _____
2. _____
3. _____
4. _____
5. _____

我的学习难点:

1. _____
2. _____
3. _____
4. _____
5. _____